크리에이티브는
단련된다

크리에이티브는 단련된다

초판 발행 | 2019년 8월 30일
초판 4쇄 발행 | 2020년 11월 23일

지은이 · 이채훈
발행인 · 이종원
발행처 · (주) 도서출판 길벗
브랜드 · 더퀘스트
주소 · 서울시 마포구 월드컵로 10길 56 (서교동)
대표전화 · 02) 332-0931 | **팩스** · 02) 322-0586
출판사 등록일 · 1990년 12월 24일
홈페이지 · www.gilbut.co.kr | **이메일** · gilbut@gilbut.co.kr

기획 및 책임편집 · 김세원, 유예진, 송은경, 오수영 | **디자인** · 이수연
제작 · 손일순 | **영업마케팅** · 정경원, 최명주 | **웹마케팅** · 이정, 김선영
영업관리 · 김명자 | **독자지원** · 송혜란

교정교열 · 강설빔 | **CTP 출력 및 인쇄** · 예림인쇄 | **제본** · 예림바인딩

ISBN 979-11-6050-877-2 03320
(길벗 도서번호 090141)
© 이채훈

정가 : 15,000원

독자의 1초까지 아껴주는 정성 길벗출판사
길벗 | IT실용서, IT/일반수험서, IT전문서, 경제실용서, 취미실용서, 건강실용서, 자녀교육서
더퀘스트 | 인문교양서, 비즈니스서
길벗이지톡 | 어학단행본, 어학수험서
길벗스쿨 | 국어학습서, 수학학습서, 유아학습서, 어학학습서, 어린이교양서, 교과서

페이스북 www.facebook.com/market4.0
네이버 포스트 post.naver.com/thequestbook

크리에이티브는 단련된다

이채훈 지음

더 퀘스트

차 례

CREATIVITY CAN BE DEVELOPED

크리에이티브는 진심 단련된다

"대충 살자."

"열심히 살 뻔했다."

이런 말이 유행하는 시대에 웬 '단련'을 이야기하려 하느냐 묻는다면 답은 심플하다. 언제나 더 크리에이티브하게, 잘하고 싶다는 생각이 누구보다 간절했기 때문이다. 단련의 사전적 의미는 그래서 내게 더 크게 와닿는다.

> 단련鍛鍊: 불릴 단鍛, 불릴 련/단련할 련鍊
>
> ① (쇠붙이를) 불에 달구어 두드려서 단단하게 하는 것
>
> ② (몸을) 운동을 하거나 힘을 길러서 튼튼한 상태로 만드는 것
>
> ③ (마음이나 정신을) 강한 의지를 갖도록 수련하는 것
>
> ④ 어떤 일을 여러 번 반복함으로써, 견딜 수 있게 되거나 익숙하게 되는 것

15초의 광고, 30초의 광고는 이제 누군가에게 '순삭'하고 싶은 스팸 메일 같은 존재가 되었다. 소중한 시간을 투자해 광고를 끝까지 봐주는 배려 넘치는 소비자는 많지 않다. 유튜브에서 스킵할 수 없는 범퍼bumper 광고의 최대 재생 시간은 6초에 불

과하다. 허락된 시간은 더 짧아졌고, 그만큼 줄어든 캔버스 안에서 기상천외하고 인상적인 아이디어를 펼쳐내야 하는 현실은 만만치 않다. 그럼에도 새로운 발상을 시작할 때면 매번 두근거림으로 살짝 달구어진 나를 발견한다. 내 도전 정신을 자극하고 내 능력치를 시험해볼 일이 있다는 사실이 내심 기다려진다.

나를 두근거리는 사람으로 만들어준 것은 소소한 습관이었다.

누가 시켰다면 절대 하지 않았을 일들을 즐기면서 오랫동안 해왔다. 새벽마다 영화 위시리스트를 한 편씩 지워나가는 일, 매일 아침 아이스 아메리카노를 한잔 내려 종이 신문을 보면서 스크랩하는 일, 카페에서 우연히 만난 음악을 스마트폰으로 붙잡는 일, 산책을 하면서 엉뚱한 풍경과 대상을 카메라에 담아보는 일, 틈만 나면 소셜미디어 앱의 스크롤을 내리며 최신 이슈를 캐내는 일, 서점에서 책을 훑어보며 꽂히는 키워드를 찾아보는 일, 땀이 쏙 빠질 때까지 러닝머신 위를 힘껏 달리는 일…. 이렇게 소소한 행동들을 연결해서 꿰다 보니 그 자체가 크리에이티브를 만들어내는 나만의 '단련'이었다는 사실을 깨닫게 되었다.

새벽마다 본 영화는 상상력을 키우는 데 힘을 보태주었고, 매일 아침 스크랩한 종이 신문은 아날로그적 정서를 잃지 않으면서도 변화에 대응하는 감각을 길러주었다. 카페에서 들었던 가슴을 후벼파는 음악들은 실제 광고의 배경음악이 되었고, 산책 중에 담아낸 풍경들은 광고의 신scene으로 태어났다. 인스타그램은 트렌드 이면에 감춰진 결핍을 채우는 방법을 보여주었고, 서점은 마음을 움직이는 문장을 내주었다.

그리고 꾸준한 달리기는 이 모든 일을 계속해나갈 수 있는 단단한 허벅지를 갖게 해주었다. 그렇게 하루하루 묵묵히 해온 다양한 시도와 경험이 차곡차곡 쌓여 나를 지치지 않게 만들어주었다.

누구나 크리에이티브해질 수 있다.

대상을 투명하게 바라볼 수 있는 순수한 마음, 남들보다 더 집요하게 들여다볼 수 있는 세심한 눈, 그 생각과 관찰을 꼼꼼하게 기록하는 부지런한 손, 기록한 내용을 나만의 방식으로 재해석해보는 머리, 그리고 이 모든 과정을 멈추지 않고 반복할 수 있는 몸만 있다면 누구나 크리에이티브해질 수 있다. 방법은 간단하지만 머리부터 마음까지 하나가 되어 꾸준히 실행해나갈 때 비로소 그 결실을 맺을 수 있다.

　생각만 하다 시간을 보내는 사람이 있는가 하면 일단 시도하고 실패하는 과정에서 새로운 경험을 몸에 익혀 좋은 결과를 만들어내는 사람이 있다. 나 역시 실패가 두려워 돌다리를 여러 번 두드리던 시절이 있었다. 하지만 어느 순간, 두드리기만 하면 돌다리는 깨져버리기만 한다는 걸 깨달았다. 물에 휩쓸리지 않는 뚝심 있는 돌을 가져다 다리를 놓는 것이 강을 더 빨리 건너는 방법임을 익힌 것이다. 조금씩 단련해 나간다면 강 너머에서 기다리는 아이디어를 만날 수 있을 것이다. 그러니 우선 돌을 놓는 작은 일부터 시작해보자. 그리고 계속해서 해보자. 멈추지 않는 한 모든 걸음은 의미가 있다.

나의 작업은 언제나 미완성이다.

　프로젝트가 전부 끝나고 광고가 온에어되어도 그게 정답인지 오답인지는 아무도 모른다. 광고대상을 받은 캠페인이 정답이 아닐 수도 있고, 시청자에게 외면받은 광고가 오답이 아닐 수도 있다. 그 미완성을 완성에 가깝게 만들려고 발악하면서 20년 가까운 시간을 보냈다.

　오랜 시간 아트 디렉터와 크리에이티브 디렉터로 광고 일을 하면서 '어떻게 하면 사람의 마음을 움직일 수 있을까'만 처절하게 고민했고 또 즐겨왔다. 소비자의 마음을 혹하게 해 브랜드를 기억시키고 제품을 사게 하는 아이디어만 짜왔다. 수많은 성공이 있었고 실패도 있었다.

이 책에는 사람의 마음을 움직이는 노하우만을 담지는 않았다. 묵묵히 하다 보니 단련으로 이어진 나의 일상과 생각을 한 자 한 자 써나갔고 꾸준히 쓰다 보니 한 권의 책이 되었을 따름이다. 오직 크리에이티브만을 향한 발악을 진솔하게 담았으니 나름 건질 만한 이야기들이 있을 것이다. 습관은 평범하지만 과정은 평범하지 않았던 나날들의 진심이 투명하게 전해진다면 더없이 좋겠다.

아무쪼록 재미나게 읽어주길 바란다.

오롯이 혼자 되는 새벽녘에
이채훈

1.
순수한 마음

더블유는 왜
더블브이가 아니야?

'초딩 같다'는 말을 많이 듣는다.

나이 마흔이 넘어서도 철은 들지 않았고 유치한 말장난은 뇌를 거치기 전에 입에서 먼저 튀어나온다.

사실 철이 들 생각 자체가 없다. 철이 드는 순간 내 크리에이티브는 죽는다고 생각하기 때문이다. 언제까지나 엉뚱한 생각으로 재미난 크리에이티브를 뽑아내며 살고 싶다.

사공이 많으면 배가 산으로 간다.

여러 사람이 서로 자기주장만 내세우느라 정작 일은 제대로 풀리지 않는 상황을 비유한 속담이다. 그런데 이 속담을 삐딱한 시각으로 보면 나름 크리에이티브하게 보인다. '배가 꼭 바다로 가야 해?' 이렇게 역발상으로 해석해보라. 익숙한 문장이 새롭게 다가오지 않는가. 산꼭대기 위에 놓여 있는 배를 상상하기만 해도 굉장한 임팩트가 느껴진다.

MBC 인기 예능이었던 〈무한도전〉에서 제일 크리에이티브하다고 생각하는 멤버는 박명수다. 일단 이분의 생각은 예측이 안 된다. 다른 사람들은 쉽게 수긍하는 일에도 꼭 시비를 걸고 의심의 눈초리를 보낸다. 다들 "예스"라고 할 때 혼자서 "노"라고 말한다. 그의 이런 삐딱함이 좋다.

또 '박명수 어록'이 있을 만큼 가슴에 와닿는 말도 잘 던져준다. 어록을 살펴보면 우리가 잘 아는 익숙한 속담들을 살짝 비튼 것이 많다. 예를 들어 '고생 끝에 낙이 온다'는 '고생 끝에 골병 난다'로, '가는 말이 고와야 오는 말도 곱다'는 '가는 말이 고우면 얕본다'로 만들어버리는 것이다. 하나같이 촌철살인, 허를 찌르는 걸작이다. 다소 시니컬한 정서가 담겨 있긴 하지만 원래 속담보다 공감대가 훨씬 넓다.

흔히들 '명언'이라고 하면 그것이 대단한 진리인 양 맹목적이라고 할 만큼 단번에 받아들인다. 이의를 제기하려는 시도 자체를 하지 않는다. 질문하기를 두려워하기도 하지만 질문을 어

크리에이티브는 단련된다

떻게 해야 하는지도 잘 모른다. 그러니 기존 지식에 의구심을 갖는 경우도 거의 없다.

　나 역시 질문하는 힘이 부족한 터라 의식적으로 질문을 던지는 연습을 하다가 일명 '질문 노트'라는 것을 만들었다. 궁금한 것이 생기면 가리지 않고 생각나는 대로 그냥 막 적어두는 노트다. 의미 있는 물음도 있지만 대체로 엉뚱한 질문들이 노트를 채운다.

- 지하철은 왜 서로 마주보게 의자를 배치했을까?
- 와이파이의 이름은 왜 와이파이일까?
- 내 신발 바닥은 왜 늘 안쪽이 먼저 닳을까?
- 월요일에서 일요일은 일주일이 걸리는데 일요일에서 월요일은 왜 하루면 될까?
- 윗사람이랑 통화를 하다 끊을 때 왜 꼭 "들어가세요." 라고 말할까?
- 심심해서 친구랑 저녁 약속을 잡았는데 막상 또 만나려니 왜 귀찮을까?
- 거리의 수많은 CCTV 중에 실제로 작동하는 것은 얼

마나 될까?

- 분명 손님이 없어서 들어온 식당인데 내가 먹기 시작하면 왜 사람들이 몰려들까?

- 젓가락은 받침이 ㅅ인데 숟가락은 왜 ㄷ일까?

- 왼손잡이는 수영할 때 어느 손을 먼저 앞으로 내밀며 나아갈까?

- 인간은 팔굽혀펴기를 쉬지 않고 몇 개나 할 수 있을까?

- 아메리카노는 왜 색이 하나밖에 없을까?

- 차가 막힐 것을 뻔히 알면서 왜 토요일 아침에 고속도로를 타는 걸까?

- 샤워를 하면 왜 기분이 좋아질까?

- 엘리베이터가 추락할 때 바닥에 닿기 직전 최대한 높이 점프하면 살 수도 있을까?

- 앞에 있는 사람이 하품을 하면 왜 나도 하품이 날까?

- 화장실 픽토그램에서 남자는 파란색, 여자는 빨간색으로 구분하는 기준은 뭘까?

- 경상도 사람들은 왜 'ㅡ'를 'ㅓ'로 발음할까?

- 더블유는 왜 더블브이가 아닐까?

크리에이티브는 단련된다

그렇다. 더블유만 보더라도 의문투성이다. W라는 알파벳을 보면 대부분의 사람이 0.1초도 망설이지 않고 더블유라고 읽는다. 학습된 뇌가 그렇게 말하라고 입으로 신호를 보내기 때문이다. 그런데 오히려 어린아이들은 여기에 이의를 제기하고 질문을 한다.

"V가 2개 붙어 있잖아요. V브이V브이니까 더블브이라고 읽는게 맞지 않아요?"

만약 당신이 이 아이의 부모라면 어떻게 답하겠는가?

"응, 그건 사회적으로 약속한 이름이야. 그니까 그게 뭐로 보이든 그냥 '더블유'라고 외워, 알겠니?"

이렇게 답할 사람은 없을 것이다.

"우리 ○○이 말 듣고 보니까 정말 더블브이같이 생겼네!"

뭐 이렇게 맞장구쳐주지 않을까?

우리는 더블유가 더블브이라고 문제를 던지는 데 별 관심이 없다. 물론 역사적으로 접근하면 이유가 설명되기는 한다. 하지만 그걸 찾아보는 사람은 거의 없다. 그저 뇌에 'W＝더블유'라고 인지시킨 다음 의심의 여지를 남기지 않는다.

우리 대부분은 호기심 많고 질문 많은 어린이로 삶을 시작했다. 그런데 대학 강의실에서 수업이 끝날 즈음 교수님이 "혹시 질문 있는 학생?" 하고 물었을 때 손을 드는 사람은 찾아보기 힘들다. 오랜 시간 몸에 밴 의심의 여지를 남기지 않는 수동적인 학습 태도가 질문 능력을 떨어뜨린 것이다. 능동적이고 자발적으로 질문하는 사고 자체를 방해받으며 살아왔기 때문이다.

일본 예능 방송 중 〈치코짱한테 혼나요! チコちゃんに叱られる!〉라는 프로그램이 있다. 날카로운 시선을 가진 꼬마 캐릭터가 나와서 어른들을 상대로 퀴즈를 낸다. 주로 사람들이 일상에서 깊게 생각해보지 않는 당연한 것들에 대한 질문이다. "왜 '안녕' 하고 인사를 할 때 손을 흔들까?", "왜 사진을 찍을 때 '치즈'라고 할까?" 하는 식이다.

재미있는 점은 퀴즈를 내는 캐릭터를 다섯 살 어린이로 설정한 것이다. 아마도 세상의 여러 가지 문제에 '왜'라는 의문을 가장 많이 던지는 때가 다섯 살 무렵이라 그렇게 설정한 것이 아닐까 싶다.

이 프로그램의 영문명은 'Don't sleep through life'로 의역하자면 인생을 무감각하게 살아가지 말라는 소리다. 다섯 살 꼬맹이의 질문에 어른들이 "그냥 다들 원래 그렇잖아요." 같은 안일한 대답을 내놓으면 바로 꾸중을 듣는다. 단순한 포맷의 퀴즈

쇼지만 사회적으로 큰 반향을 일으킨 메시지를 담고 있다.

끊임없이 의심하고 질문하는 태도가 날 선 시각을 만들어낸다. 수동적인 받아들임보다는 능동적인 받아침이 새로움을 만들 가능성이 높다. 능동적이기 위해서는 모든 지식에 의심을 품고 언제든지 당돌한 질문을 던질 수 있어야 한다. 의심이 크리에이티브를 '엣지' 있게 하는 단초가 될 수 있기 때문이다. 바로 물음에 답하기보다 스스로 날카로운 질문을 던져보며 생각을 확장하는 것이 중요하다.

잊지 말자. 왜? 왜? 왜? '왜'가 새로운 길을 만든다.

새로운 Way는 언제나 뜬금없는 Why에서 시작되었다.

W를 그냥 더블유로 받아들이는 무미건조한 생각을 삐딱함으로 들이받아보자.

새로운 Way는
뜬금없는 Why에서 시작된다.

안드로메다에
다녀왔습니다

"CD[Creative Director]님 설마… 이 아이디어를 진짜 가져가실 건 아니죠?"

회의 시간에 기획팀에게 자주 듣는 말이다. 이 말을 저렴하게 바꾸면 이렇게 된다.

"유 헤드 빙빙?"

'수많은 광고와 확실히 차별되는 광고를 만들자.' 이것이 우리 팀이 지향하는 크리에이티브의 기본이다. 이미 있는 광고와 비슷하게 접근한 광고를 만들기는 죽기보다 싫다. 실제로 그런 광고는 효과도 미미할 게 뻔하다. 그래서 아이디어 회의 시간에는 사람들이 공감하면서 동시에 임팩트를 느낄 수 있는 광고를 만들기 위해 생각을 더 멀리 보내려고 노력한다. 갔다가 다시 돌아오는 한이 있더라도 팀원들이 자유롭게 '약 빤' 생각을 쏟아낼 수 있게끔 유도한다. 당시에는 미쳤다는 소리를 들을지 몰라도 나중에는 그 생각이 결정적인 한 방을 만들기도 하기 때문이다.

처음 치약 광고를 담당하게 되었을 때다.

내가 기존에 본 치약 광고들은 대체로 유명한 모델이 나와서 본인의 경험을 이야기하며 치약의 장점을 어필했다. 하지만 우리 팀이 광고해야 할 품목은 일반적인 치약이 아니었다. 시린 이에 특화된 치약, 시린메드였다. 일단 기존 광고의 틀에 맞춰 콘티를 짠다고 가정해봤다.

낯익은 모델이 나와서 갑자기 이가 시린 척을 하며 고통받는 장면이 보여진다. 그러다 시린메드로 이를 닦고 이가 편안해진 것을 증명하듯 얼음이 가득한 음료를 벌컥벌컥 마신다. 그러고는 아무 걱정 없다는 듯 웃으며 "이가 시릴 땐 시린메드!"라고 말한다. 그 위로 시린메드 로고가 뜨면서 마무리.

그런데 아무리 우리에게 익숙한 배우가 나온다 해도 이가 시린 척만 한다면 소비자가 쉽게 공감하기 힘들 거란 생각이 들었다. 기본 구조를 벗어나는 발칙한 생각을 찾아야 했다.

크리에이티브는 단련된다

고민을 이어가던 중, 차가운 얼음이 내 치아와 만나는 그 찌릿한 순간을 생생하게 떠올려보았다. 양철 주전자의 뚜껑으로 칠판 위를 긁을 때와 비슷한 불쾌함이 생각났다. 그래, 차가운 물체가 내 이를 때릴 때의 고통을 시각적으로 표현해보자.

물체끼리 부딪히는 신scene을 생각하다 보니 문득 매년 마지막 날이면 종각 일대를 장악하는 새해맞이 타종 행사 장면이 그려졌다. 이 모습을 상상하면서 콘티를 구성했다.

먼저 치아는 거대한 종처럼 보이게, 얼음덩어리는 종을 치는 도구인 당목처럼 보이게 만들었다. 이어서 얼음덩어리가 커다란 치아를 타종하듯이 힘차게 밀어 친다. 그 순간 "시린~ 시린~"이란 소리가 사방으로 울리면서 이가 시린 고통이 청각으로 연결된다. 동시에 카메라가 훅 빠지면 시린 치아 때문에 괴로워하는 모델의 표정이 보여진다. 이어 시린메드의 효능에 관한 영상이 이어지고 모델이 기분 좋게 "시린 이에 시달릴 땐 시린메드!"라는 카피를 읽어주면서 광고는 끝이 난다.

그렇게 치약 광고에서는 보기 힘든 엉뚱한 광고가 만들어졌다. 상황에 재미를 더하기 위해 '시린사寺'라는 디테일한 장소 설정도 담았다.

광고가 공개된 후 "그동안 본 치약 광고와는 확연히 다르고

시린사에서 이를 울리다.

독특해서 시선이 간다", "내 이가 다 시리네"와 같이 신선하다는 반응과 확 공감이 된다는 댓글이 많이 올라왔다. 광고 아래 달린 댓글 중에 가장 인상적인 한마디는 "시린메드 대박 났음 좋겠어요"였다. 그 댓글을 보고 시린메드는 한 명의 팬을 확보했다는 확신이 들어 기분이 좋았다.

이렇게 발칙한 발상 하나가 제품의 존재감을 강력하게 드러내주기도 한다. 그 발칙함은 아무 때나 나오는 것은 아니고 생각을 지구 밖으로 멀리 보낼 때 한 번쯤 만나볼 수 있다.

서인국이 땀을 뻘뻘 흘리며 감자밭에서 곡괭이질을 하고 있다. 그러다 잘 익은 감자 하나를 집어 들었는데, 어라, 감자가 불쌍한 표정을 지으며 귀여운 목소리로 자기를 튀기지 말아달라고 애원한다. 분명 뜨거운 기름 속으로 내동댕이쳐져 프렌치프라이가 될 자신의 운명을 직감한 것 같다. 이어 감자는 '예감'이 되고 싶다며 서인국에게 간절히 도움을 청한다. 감자의 말에 마음이 움직인 서인국은 부탁을 들어주기로 한다.

서인국이 "구워줄게!"라고 말하자마자 감자는 "예감된다~ 예감된다~"라고 노래하면서 자신의 바뀐 운명을 진심으로 기뻐한다.

하다하다 감자의 마음까지 돼보아야 한다.

'튀기지 않은 감자칩, 예감' 광고는 철저히 감자의 입장에서 생각해보고 만들었다. '감자는 튀겨질 때와 구워질 때 어떤 마음일까'에서 시작된 고민이 '감자의 속마음을 제품의 장점으로 연결해 위트 있게 보여주자'로 이어졌다. 이쯤 되면 마치 원자 입장에서 생각을 했다는 괴짜 물리학자 리처드 파인만의 엉뚱함과 견줄 만하지 않은가?

광고 마지막에 서인국은 "안 튀길게!"를 외치며 양손에 예감을 쥐고 높이 들어 올린다. 감자와의 약속을 지키겠다고 또다시 맹세하며 '튀기지 않은 감자' 제품임을 한 번 더 강조한 것이다.

단순히 기발함만 있다면 광고는 금방 휘발되고 먼지처럼 흩어져 버린다. 철저한 노림수를 가지고 크리에이티브라는 무대 위에서 미치광이처럼 놀아야 소비자에게 어필할 수 있다. 어차피 머리 써서 만드는 광고인데 이왕이면 "유 헤드 빙빙?"이라는 소리 정도는 들어야 사람들이 기억해주지 않을까?

나는 제대로 약 빨고 만든 광고라는 말을 듣기 위해 오늘도 부지런히 생각을 안드로메다로 보내고 있다.

철저한 노림수를 가지고
크리에이티브라는 무대 위에서 미치광이처럼 놀아야
소비자에게 어필할 수 있다.

말장난이
장난이 아니다

일명 '아재 개그'를 좋아한다. 하루에도 수십 번 언어유희 생각에 사로잡힌다. 이런 식이다.

그릇된 삶을 살 것인가.

큰 그릇이 되는 삶을 살 것인가.

—그릇 가게 앞에서

Burn腦번뇌: 타오르는 뇌. 마음이 시달려서 괴로워함.

父情부정부페: 아버지의 정이 넘치는 뷔페식당.

언어유희. 상관없는 두 대상에서 공통점이나 연결 고리를 찾아 새로운 의미를 만들어내는 일종의 말장난이다. 나는 언어유희가 크리에이티브하고 영리한 발상이라고 확신했다. 그래서 '아재 개그'라고 자주 폄하되는 말장난을 장난 아니게 잘하고 싶었다.

특히 OT^{Orientation} 때는 감각의 촉을 날카롭게 세운다. 광고주 OT는 광고주가 원하는 광고의 목적, 타깃, 방향 등에 관한 브리핑을 듣는 자리다. 광고대행사의 일은 크게 기획과 제작으로 나뉘는데, 나는 그중에서도 카피라이터와 아트 디렉터들이 속한 제작팀을 이끌고 있다. OT는 보통 기획팀이 광고주에게 의견을 받아 와 제작팀에 공유하는 형식으로 이뤄지지만 때로는 광고주가 제작팀도 함께 참석하기를 요청하기도 한다. 아무튼 OT를 받는 자리에 참석한 사람들이 피식 웃고 마는 그 순간을 즐기기 위해 언어유희의 칼을 간다. 유치하게 느껴질지라도, 그렇게 시작된 말초적인 웃음이 아이디어의 단초가 되고 크리에이티브를 더 맛깔나게 만드는 감초가 된다고 믿기 때문이다. 담당했던 수많은 브랜드나 제품명을 언어유희로 연결하는 연습을 게을리하지 않은 덕분에 이제는 생각 메커니즘이 빠르게 작동해 언어유희가 거의 반자동 소총처럼 다다다다 튀어나온다.

버거킹 광고를 담당하면서는 언어유희를 아예 장기적인 캠페인의 아이덴티티로 굳혔다.

버거킹에는 상시 메뉴(우리가 잘 아는 와퍼)와 한정 메뉴가 있다. 한정 메뉴란 일정한 주기로 나왔다가 들어가는 신제품으로 이런 메뉴는 대부분 '새우', '모짜렐라', '붉은 대게'처럼 새로운 재료를 내세운 제품들이다. 신제품의 제품명과 재료를 쉽게 알리기 위해 우리 팀은 언어유희를 적극적으로 활용했다.

세워! 세우라고, 세우라니까!
그냥 새우면 안 된다. 통새우만 된다.
새우의 자존심을 세우다. 맛의 자존심을 세우다.
통새우와퍼

게 있느냐! 게 있느냐! 게 아무도 없느냐? 게… 게냐?
게살의 진미를 맛보다.
대게 맛있다.
붉은대게와퍼

이 맛에 통 못 자.

"세우라니까!" 대신 "새우라니까!"

통모짜와퍼

꽉 들어찼어.
콰트로치즈와퍼

치폴레, 맛볼래.
치폴레와퍼

하나 할래, 할라피뇨.
할라피뇨와퍼

퐁듀 찍어 먹어봐.
맛의 정점을 찍다.
내가 너 찍었어.
치즈퐁듀와퍼

그냥 유치한 말장난으로 치부하기엔 제품명과 재료를 직관적으로 알리는 데 안성맞춤이었다. 아재 개그는 썰렁하다거나 '노잼'이라며 무시당하기 십상이지만, 실상 소비자는 그 재치에 재미있어 하고 제품명을 잘 기억하며 심지어 그 제품을 사 먹는다. 광고 속 아재 개그가 소비자들에게 제대로 먹히는 것이다. 아재 개그를 활용한 광고가 수없이 쏟아지는 이유도 그만큼 효과가 있기 때문이다. 크리에이티브를 위한 크리에이티브가 아니라 매출과 직결되는 살아 있는 아이디어이자 메시지를 효과적으로 전달하는 영리한 화법이다.

　내가 만든 다른 광고물에도 언어유희의 흔적이 고스란히 남아 있다.

　저 인간이 내 사수!
　저 인상, 저 표정
　아, 나 이제 죽었다.
　어? 어? 의외로 귀엽네!
　이러니 반하나 안 반하나!
　바나나맛우유

　배 낫지요!
　베나치오

웨이러미니!

틈틈이 튼튼히

상하치즈 미니

내 이야기 안 듣고

공대리 지금 모 봐? 모 봐?

모바~일로 바로 자동차 보험 알아봤죠!

삼성화재 다이렉트

　나는 광고계에서 이렇게나 흔한 말장난이 단순한 '장난'이 아님을 알리고 싶어졌다. 고민 끝에 대학원에서 논문을 쓰기로 결심했다. 디자인과 석사 논문치고는 다소 파격적인 '언어유희에 바탕을 둔 광고 커뮤니케이션 디자인 연구'라는 주제를 잡았다. 다각적 관점에서 언어유희가 광고에 미치는 효과를 알아보고자 시작된 연구였다.

　온에어되는 광고만 모아놓은 국내 최대 광고 포털 사이트 TVCF(www.tvcf.co.kr)를 기준으로 리서치를 시작했다. 2012년부터 2017년까지 6년간 제작된 TVCF 인기 광고 중 언어유희를 크리에이티브로 내세운 광고는 2015년을 제외한 모든 연도의 인기 광고 50위권 안에서 약 50퍼센트를 웃도는 비율을 점유하고 있었다. 장난으로 보기엔 꽤 높은 수치였다. 언어유희 광고가 단기 트렌드에 국한되지 않으며, 광고 효과에 대한 높은 기대감을 바탕으로 꾸준히 제작되고 있음을 보여주는 결과였다.

그렇다면 언어유희가 광고 크리에이티브로써 사랑받게 된 이유는 무엇일까?

기존 지상파 채널뿐 아니라 종합편성채널, 케이블TV 등이 생기고 여기에 모바일까지 가세하면서 매체 간 경쟁은 더욱 심해졌다. 다양한 영상 매체가 개발됨에 따라 광고 영상 노출 빈도 또한 폭발적으로 증가했다. 이렇게 넘쳐나는 콘텐츠의 물결 속에서 뇌리에 남는 광고가 되기란 하늘에서 별 따기만큼이나 어려운 일이었다. 이런 매체 환경 탓에 돌출력 있고 귀에 걸리는 말 한마디가 그 어느 때보다 중요해졌다. 광고 업계는 임팩트 있고 기발하게 메시지를 전달하기 위해 여러 시도를 했다.

그중에서도 언어유희는 효과적인 크리에이티브다. 메시지를 쉽고 강렬하게 소비자에게 각인할 수 있기 때문이다. 언어유희는 광고의 구성 요소 중 가장 중요한 '언어'를 토대로 한다. 동음이의어나 축약어 등을 활용해 메시지를 수월하게 담을 수 있다. 소비자에게 폭발적인 호응을 얻은 재미난 언어유희라면 바이럴 효과까지 높아진다. 그래서 광고 예산이 충분치 못한 소규모 광고주, 인지도가 떨어지는 브랜드의 광고주, 신제품을 출시하는 광고주 등이 언어유희를 이용한 광고를 선보인다. 짧은 시간 안에 브랜드 또는 키 카피Key Copy를 각인시킨다는, 광고의 본질에 충실한 결과로 볼 수 있다.

또 2016년 이후 SNS 사용률이 증가하면서 아재 개그와 같은 메시지 전달 기술이 발전한 것도 주목할 만한 요인이다. 여기에 예능 프로그램과 실생활에서 언어유희를 즐기는 트렌드가 더해지면서 광고 산업의 흐름에 더 큰 영향을 미친 것이다.

소비자의 메시지 상기도, 브랜드 호감도, 광고의 독창성과 이해도, 실제 제품 구매 의향까지, 언어유희 광고에 대해 심층적이고 입체적인 검증이 이루어진다면 더 많은 광고주가 언어유희를 광고 크리에이티브로 선호할 것이다.

말 그대로 말장난이 장난이 아닌 시대다.

언어유희는

메시지를 효과적으로 전달하는

영리한 화법이다.

공감에 가장
공을 들인다

〈12명의 성난 사람들12 Angry Men〉이라는 고전 영화를 인상 깊게 봤다. 1957년에 만들어진 흑백 영화지만 경제적이고 흥미진진한 전개가 돋보인다.

살인 사건 용의자로 지목된 소년의 유무죄를 결정하기 위해 열두 명의 배심원이 한자리에 모인다. 그중 열한 명의 배심원은 소년이 살인범이라고 확신하고 있다. 그렇지 않아도 더운 날씨에 배심원실 선풍기마저 고장이 나서 모두가 빨리 사건을 종결 짓고 자리를 벗어나고 싶어한다. 배심원 열한 명은 논의할 가치도 없는 사건이라며 쉽게 유죄로 결론을 내렸다.

그때 단 한 명, 8번 배심원만은 사건을 처음부터 냉철하게 따져보아야 한다고 말한다. 유죄든 무죄든 만장일치여야만 결론

이 나는 사건이다 보니 한 명이 반대했을 뿐인데도 사건을 다시 들여다보아야 했다. 그런데 사건의 흐름을 되짚으며 상황을 재현하거나 증거 자료들을 꼼꼼하게 살펴보는 과정에서 배심원들은 어쩌면 소년이 무죄일지도 모른다는 생각을 하게 된다.

소년이 유죄라고 생각한 열한 명의 배심원들은 직업도, 가치관도, 살아온 배경까지도 모두 다 달랐다. 소년의 무죄를 추정한 8번 배심원은 상대에게 영리하게 접근했다. 배심원들 각각이 처한 상황이라든지 처지를 이해해주면서 서서히 소년의 입장에서 생각해볼 수 있도록 물꼬를 터준 것이다. 특히 마지막까지 소년의 유죄를 주장하던 3번 배심원을 설득해내는 장면은 이 영화의 백미다.

3번 배심원은 말도 잘하고 청중을 집중시키는 힘이 있어서 처음에는 다른 배심원들이 그의 의견을 따르는 분위기였다. 그는 피의자로 지목된 소년이 "죽여버리겠어!"라고 말한 것을 두고 이런 위험한 말로 상대를 위협했으니 소년은 유죄라고 강하게 주장했다. 그런데 자신을 뺀 모두가 8번 배심원에게 공감하며 소년이 무죄라고 의견을 바꾸자 결국 폭발하고 만다.

"그동안 별일을 다 봤지만 이런 경우는 처음이군요. 빈민가 출신인 소년을 동정해 이야기를 꾸며내며 다른 사람을 설득하

크리에이티브는 단련된다

는 덴 성공했는지 몰라도 나한테는 안 통해요! 그 소년은 유죄입니다. 다 잡은 범인을 놓치게 생겼어요!"

3번 배심원의 말을 들은 8번 배심원은 침착하게 대구한다.

"당신이 무슨 사형집행인이라도 됩니까? 직접 사형 집행 스위치를 누르겠다는 뜻이에요? 스위치를 누르는 기분이 어떨지 궁금하군요. 처음부터 무슨 정의의 수호자인 양 굴더니 사실은 사적인 감정 때문에 소년이 죽기를 바랐던 거군요. 사디스트…. 쯧쯧."

8번 배심원의 비아냥에 완전히 이성을 잃은 3번 배심원은 잔뜩 흥분한 채 소리를 지른다.

"죽여버리겠어! 죽여버릴 거야!"

이 순간 8번 배심원이 느꼈을 희열이 내게도 생생히 전해졌다. 그는 기다렸다는 듯이 말한다.

"설마, 정말로 날 죽이겠다는 뜻은 아니시겠죠?"

3번 배심원의 표정이 어땠는지는 말하지 않아도 짐작될 것이다. 그는 자기가 놓은 덫에 걸린 셈이 되었다. 그의 논리대로 "죽여버리겠어!"라는 말을 했기 때문에 소년이 살인자라면 자신 역시 살인자가 될 수밖에 없었다.

8번 배심원은 3번 배심원 스스로 소년이 무죄임을 납득할 수 있게끔 상황을 몰아갔다. 만약 8번 배심원이 처음부터 일방적인 설득으로 배심원들의 마음을 돌리려 했다면 아마도 소년의 유죄판결을 막지 못했을 것이다. 사건의 내막과 증거를 하나하나 짚어보며 다른 배심원들의 공감을 이끌었기에 반전을 만들 수 있었다.

광고 크리에이티브를 완성해가는 과정도 마찬가지다. 크리에이티브 역시 치밀하게 논리를 전개하는 과정 끝에 얻어내는 결과물이다. 과정이 생략되면 결코 사람들의 공감을 얻을 수 없다. 열두 명의 성난 광고주들을 설득해야 한다. 나아가 수천수만의 소비자를 움직여 우리가 광고하는 제품을 사게 만들어야 한다. 이들을 설득하는 가장 쉬운 방법은 공감대를 심어주는 것이다. 따라서 광고를 제작할 때는 단순히 정보를 전달하거나 기발하기만 한 아이디어를 보여주기보다는 소비자의 공감을 사는 데 가장 큰 공을 들인다.

내가 아주 오랫동안 담당한 광고주 중 하나로 KT가 있다. 아트 디렉터로 일한 시기까지 합치면 무려 10년이다. KT는 성별, 연령을 막론한 전 국민이 타깃인 브랜드인 만큼 남녀노소 누구나 공감할 수 있는 정서를 담는 게 중요했다. 실제로 당시에 좋은 반응을 얻었던 광고들을 되돌아보면 공감대가 높은 정서를 기반으로 했다는 공통점이 있었다.

　비 내리는 퇴근길 저녁. 버스 정류장에 막 도착한 김 대리에게 팀장님으로부터 다급한 문자가 날아온다. "지금 당장 회장님, 사장님, 전무님, 상무님께 보고를 드려야 하니 급히 '보고용 파일'을 보내 달라"는 요청이다. 식은땀이 흐른다. 스마트폰 배터리가 1퍼센트도 채 남지 않았기 때문이다.

　순간 머릿속이 복잡해진다. 이 파일을 제대로 보내지 못하면 지금까지 어렵게 쌓아올린 회사 내에서의 입지가 무너질 수도 있다는 불안감에 사로잡힌다. 절체절명의 순간! 올레 기가 LTE의 빠른 속도 덕분에 파일은 아슬아슬하게 전송에 성공한다. 할 일을 끝낸 스마트폰은 장렬하게 꺼진다. 김 대리는 몰려오는 안도감에 미소를 머금고 퇴근길 버스에 오른다. 직장인이라면 누구나 공감할 수 있는 '위기의 상황'을 느린 화면으로 보여주어 간절함을 극대화시키면서 KT가 제공하는 빠른 속도 서비스까지 부각시킨 광고였다.

　이렇게 사람들의 심리를 잘만 활용하면 전하고자 하는 메시지를 영리하게 부각할 수 있다. 일상의 다양한 상황이나 행동 속에 수많은 공감대가 숨어 있으니 이를 놓치지 말자.

한편 중독성 강한 광고들로 소비자의 사랑을 받아온 G마켓은 2018년 CSV^{Creating Shared Value}(기업이 수익 창출 이후에 사회 공헌 활동을 하는 것이 아니라 기업 활동 자체가 사회적 가치를 창출하는 동시에 경제적 수익을 추구할 수 있는 방향으로 이루어지는 행위) 캠페인을 진행하길 원했다. 그렇다고 보여주기식 캠페인을 하고 싶지는 않다고 강조했다. 그래서 광고주와 함께 좀 더 세심하게 사회 이슈를 살폈다. 그리고 광고주의 좋은 제안 덕분에 의미 있는 캠페인을 시작할 수 있었다. 당시에는 갑질 횡포가 연일 뉴스거리였고 약자가 보호받지 못하는 현실에 대한 사회적 공분이 극에 달해 있었다. 우리는 여기에 주목해 약자를 주인공으로 하는 캠페인을 기획했다.

그렇게 시작된 것이 '스마일 도시락 캠페인'이다. 우리에게 작지만 소중한 행복을 배달해주시는 택배 기사님들의 노고에 감사하는 고객의 마음을 G마켓이 전달한다는 따뜻한 캠페인이었다.

택배를 배달하기 위해 뛰어가는 택배 기사님의 뒷모습이 보여지다 "시간을 달리는 남자"라는 타이틀이 뜨면서 이야기는 시작된다. 일 평균 300개의 택배를 고객에게 전하기 위해 열세 시간 이상 일하는 바쁜 근무 환경 탓에 빵이나 김밥 등으로 대

감동과 공감을 불러일으킨 스마일 도시락 캠페인.

G마켓

스마일 도시락

충 한끼를 해결해야만 하는 택배 기사님들의 모습을 담담하게 보여준다. 그리고 이분들을 위해 고객이 응원과 감사의 메시지를 G마켓 사이트에 올리면 G마켓은 기사님들께 메시지와 함께 도시락 쿠폰을 전달한다는 내용을 담았다. 광고가 온에어 되는 시점에 맞춰 고객들이 참여할 수 있도록 G마켓 사이트에 '스마일 도시락 캠페인' 페이지도 개설했다.

이 훈훈한 영상은 많은 이들의 감성을 자극했다. 광고 영상이 공개된 후 G마켓 공식 유튜브 채널에서만 조회 수 1,100만 회 이상을 돌파하며 큰 화제를 모았다. 캠페인 페이지에도 많은 사람이 메시지를 남겼고, 그 따뜻한 마음들은 해당 지역 택배 기사님들께 전달되었다. 또 기사님들이 원하는 시간대에 편하게 식사를 즐길 수 있도록 도시락 쿠폰도 함께 제공했다. 택배 기사님의 노고에 대한 사회적 공감이 많은 관심과 참여로 이어진 것이다.

이것이 공감의 힘이다. 크리에이티브를 일방적으로 설득하려고 하면 발화만 되고 전달은 되지 못한 채 끝날 수도 있다. 기억시키는 가장 좋은 방법은 감동시키는 것이라고 했다. 감동의 기본은 공감이다. 공감이 빠진 크리에이티브는 공허하다. 따라서 상대가 충분히 공감할 수 있는 포인트를 집요하게 찾아 들어가야 한다.

보통 사람들은 '감동'받기를 좋아해서 감동에 약한 모습을 보인다. 말 그대로 '사람의 마음을 움직이는' 행위에 제대로 움직여주고 넘어가준다. '감동'받은 사람들은 가까운 사람에게 그 '감동'을 '공유'하고 싶어한다. 공감 → 감동 → 공유가 순차적으로 이루어져야 크리에이티브는 빛을 발한다.

어느 순간부터 "이번 광고, 바이럴되게 해주세요!"라는 광고주의 요청이 일상이 되었다. 바이럴은 매체비를 많이 투입한다고 해결되는 문제가 아니다. 사람들의 마음이 움직여서 시키지 않아도 자발적으로 광고를 퍼 나를 때 '바이럴된다'고 말할 수 있다. 진심으로 공감이 가서 '공유' 버튼을 눌러 "이거 웃기지?" 혹은 "완전 감동이지?"라며 다른 사람의 동의를 구하고 싶은 마음이 들게 하는 콘텐츠, 이것이 내 나름대로 내린 바이럴의 정의다.

매일의 일상에 그리고 사회 이슈에 광고 팁이 될 만한 공감 가는 소재들이 널려 있다. 그 속에서 찾아낸 인사이트로 만든 광고를 본 사람들의 마음속에 이런 소리가 들리면 게임 끝이다.

'어, 이거 완전 내 얘기네!'

'Insight'는 결국 '人사이트'다. 눈과 귀를 열고 주변 사람들의 말과 행동을 주의 깊게 살펴보자. 퇴근길에 날아온 팀장님의 다급한 문자에 답하려는 순간 배터리가 모자라 당황했던 경험, 언제 도착하느냐며 문자로 택배 아저씨를 채근했던 경험까지 하나하나 떠올리다 보면 놓치고 있던 아이디어가 불쑥불쑥 나타날 것이다.

크리에이티브는 단련된다

'Insight'는
결국 'ㅅ사이트'다.

얼굴에 철판을 깔아야
판이 벌어진다

광고주 앞에서 크리에이티브를 맘껏 펼칠 수 있도록 판을 짜는 나만의 노하우가 있다. 바로 얼굴에 철판을 까는 것이다.

내가 담당하는 광고주 중 하나인 이베이코리아의 G마켓 광고주를 처음 만났던 날의 일이다. 몇 주에 걸쳐 경쟁 PT를 준비했고 마침내 디데이D-Day가 되었다. 나도 광고주도 모두 긴장한 상황에서 나는 작은 액션 하나로 분위기를 내 편으로 만들었다.

중요한 자리니만큼 나를 포함해 대부분이 재킷을 입고 있었다. 광고주와 인사를 나눈 뒤, 좀 더운 것 같은데 윗옷을 벗고 PT를 시작해도 되겠느냐고 물었다. 광고주는 흔쾌히 그러라고 했고 양해를 얻은 나는 재킷을 벗었다. 그 순간 재킷 안에 숨어 있던 검은색 반팔티 위에 익숙한 형체가 모습을 드러냈다. 큼지

크리에이티브는 단련된다

능청스럽게 재킷을 벗긴 했지만
철저하게 계산된 행동이었다.
광고주는 그렇게 사로잡혔다.

막한 G마켓 로고였다.

자사 브랜드 로고가 크게 박힌 티셔츠를 본 사장님의 얼굴에는 미소가 떠올랐다. 다른 광고주들도 웃음을 보였다. 그렇게 광고주가 내게 호감을 갖게 만든 다음 나는 내 페이스대로 PT를 이어갔다.

가벼운 웃음으로 긴장을 풀고 진행한 덕에 훨씬 편한 분위기 속에서 PT가 끝났다. 결과는? 우리 팀이 G마켓의 광고를 제작하게 되었다. 능청스럽게 재킷을 벗긴 했지만 이 행동은 사전에 철저히 계산된 PT의 일부였다. 얼굴에 티를 내지 않고 자연스럽게 연기해야 연출임을 들키지 않을 수 있다. 이렇게 광고주 앞에서 PT를 할 때나 광고 시안을 팔 때 철칙이 하나 있다. 재미있는 안을 제안하면서 나는 절대 웃지 않는다는 것이다.

5년 가까이 담당한 버거킹 광고주에게 광고 시안을 팔 때도 그랬다. 버거킹에서 독특하게도 치즈 퐁듀에 찍어 먹는 와퍼를 신제품으로 출시했다. 이전에 보지 못한 새로운 개념의 햄버거다 보니 소비자에게 강하게 어필할 만한 요소가 필요했다. 내가 선택한 수단은 노래였다. 그냥 노래가 아니라 프랑스 가요인 샹송을 생각했다. "퐁듀 찍어 먹어봐~"라는 간단한 가사를 반복해서 부르는 곡이었다. 나는 광고주 앞에서 그 샹송을 직접 불렀고, 그렇게 광고 시안을 팔았다. 내 철판이 또 한번 먹히는 순간이었다.

광고주 모두가 빵 터진 것은 물론 현장은 웃음바다가 되었다. 당시 버거킹의 마케팅 담당 이사님은 "어떻게 이 CD님은 그렇게 웃긴 안을 설명하면서 표정 하나 안 바뀌세요?"라며 다시 한번 상송을 청했다. 그러고는 내가 부르는 상송을 녹음했다. 나중에 다시 듣고 싶다면서. 자꾸 생각난다면서. 이 정도면 소비자에게 어필할 가능성이 충분하다고 판단했다.

웃긴 안을 까면서 웃지 않는다는 철칙은 이제 일종의 습관이 되었다. 내가 웃지 않기 때문에 웃긴 시안의 재미가 더 부각된다. 그래서 나는 절대 웃지 않는다.

물론 웃긴 안을 팔 때만 철판을 까는 것은 아니다. 신념이 필요한 순간에는 얼굴의 철판이 더욱 두꺼워져야 한다.

빙그레 바나나맛우유 광고를 제작할 때의 일이다. 우리는 광고 영상을 흑백으로 처리하고 바나나맛우유 제품 이미지만 노란색 컬러로 강조했다. 이 임팩트 있는 영상의 배경음악으로는 포크의 전설 이장희의 〈나 그대에게 모두 드리리〉를 붙였다. 1974년에 만들어진 그야말로 옛날 가요지만 지금 들어도 애잔

함 지수가 높다. 새로운 캠페인과 착 붙는다고 생각한 우리는 자신 있게 광고주에게 시사試寫를 했다. 그런데 광고주는 바나나맛우유 자체가 연식이 오래된 제품인데 노래까지 옛날 노래를 붙이면 제품이 더 올드해 보이는 것 아니냐며 최신 음악을 붙이길 원했다.

광고주가 우려하는 바도 충분히 이해는 되었으나 나는 광고의 완성도와 소비자의 반응을 생각하면 반드시 이 노래여야 한다고 판단했다. 바로 지금이 얼굴에 철판을 깔아야 할 때였다. 나의 선택에 따라 보통 광고가 되느냐 히트 광고가 되느냐가 결정되기 때문이다. 제작물의 완성도를 책임지는 크리에이티브 디렉터로서 절대 양보할 수 없는 순간이었다. 그래서 물러서지 않고 빙그레 광고 담당 팀장님을 설득했다.

요즘 젊은 친구들은 옛날 가요를 낯설게 느끼기보다 신선하다고 느낀다, 온에어되는 수많은 광고의 배경음악과는 확실히 차별되어 임팩트 있게 들릴 것이라며 강점이 많은 배경음악임을 부각했다. 이 노래가 바나나맛우유가 처음 출시된 해인 1974년에 만들어졌다는 기막힌 우연도 찾아냈다. 그래서 더 의미가 있고, 이 자체로 바이럴도 될 수 있음을 어필했다.

결국 광고 담당 팀장님은 내 의견을 받아들였다. "수많은 광

크리에이티브는 단련된다

고대행사랑 일해봤지만 이렇게 끝까지 물고 늘어지면서 집요하게 자기 생각을 밀어붙이는 CD는 처음이에요. 제작 담당이라면 이 정도 뚝심은 있어야지."라는 칭찬도 곁들이면서 말이다.

그렇게 바나나맛우유 광고는 내 의지대로 제작되어 방영되었고, 결과적으로 좋은 반응을 이끌어낼 수 있었다. TVCF에선 고창석, 김우빈, 김슬기를 모델로 한 시리즈 3편이 베스트 CF 1, 2, 3위를 기록했다. 또 매년 연말 제일기획에서 열리는 크리에이티브 보드 시상식에서도 베스트 크리에이티브상을 수상했다.

이날 이후로도 비슷한 상황을 수없이 많이 겪었다. 좋은 광고물 제작을 위해 기획팀이나 광고주와 논쟁을 벌일 때마다 바나나맛우유 광고 제작 경험을 되새긴다. 물론 현실과 타협하는 선택을 하기도 했지만 그럴 때면 꼭 후회를 했다. 역시나 결과가 만족스럽지 못했기 때문이다.

내가 만들고도 내가 만들었다고 차마 말하고 싶지 않은 광고는 만들고 싶지 않다. 이런 신념마저 없다면 자신의 크리에이티브를 죽이는 바보 같은 짓을 하고 있는 것이나 다름없다.

본인의 아이디어에 대한 확신도 필요하다. 그래야 얼굴에 철판을 깔고 적극적으로 어필할 수 있다. 우리 팀원들에게도 이렇게 말해준다.

"나는 정답을 말하기 위해 몸을 사리는 사람보다 있는 힘껏 틀리는 사람이 좋다."

할 말은 하는 게 크리에이티브의 8할이다.

크리에이티브는 단련된다

아이디어에 확신이 있다면
얼굴에 강철보다 두꺼운 판을 깔라고
감히 권하고 싶다.
그래야 내가 원하는
크리에이티브 판을 벌일 수 있다.

진심은
팔린다

애플의 신화 스티브 잡스는 아이폰만큼이나 프레젠테이션
으로도 유명하다. 군더더기 없이 깔끔하게 디자인된 키노트
keynote(맥에서 사용하는 일종의 PPT 프로그램) 화면, 나긋한
목소리, 청중을 들었다 놓았다 하는 진행력, 예상치 못한 이벤
트…. 그의 프레젠테이션에 청중은 열광했다. 사람들을 매혹한
잡스의 프레젠테이션에는 어떤 비밀이 숨어 있을까?

잡스는 엄청난 횟수의 리허설을 통해 프레젠테이션 구성을
보완했다고 한다. 하나의 슬라이드에 하나의 포인트만 남을 때
까지 수정을 하고 또 했다. 철저한 준비로 완벽에 가까운 프레
젠테이션을 선보인 것이다.

이제는 많은 사람이 잡스의 프레젠테이션 스타일을 따라 한

크리에이티브는 단련된다

다. 비슷한 키노트 화면, 말투, 내용까지 유사하게 연출한다. 하지만 그 프레젠테이션들은 잡스의 것과 같지 않다. 잡스의 진정성만큼은 누구도 따라 할 수 없기 때문이다.

잡스는 아이팟을 내놓으면서 마치 그것이 그의 자식인 것처럼 느끼게 했고, 아이폰을 만들면서는 세상을 완전히 바꿀 수 있다는 믿음을 담아 전했다. 그리고 그런 잡스의 마음이 우리 가슴에도 와닿았다.

진심, 이것이 잡스의 프레젠테이션에 숨은 비밀이다. 프레젠테이션은 진심이 전해져야 청중의 반응을 이끌어낼 수 있다. 그러니 '어떻게 하면 실수하지 않고 말을 잘할 수 있을까'보다, '어떻게 하면 그 말이 담고 있는 메시지를 가닿게 전달할 수 있을까'를 먼저 고민해야 한다. 얼마나 외운 대로 줄줄 잘 읊느냐보다 얼마나 내용에 '혼'이 실리느냐로 승패가 좌우된다고 해도 과언이 아니다.

크리에이티브 디렉터로서 꼭 팔고 싶은 좋은 아이디어가 있을 때 나는 철저하게 프레젠테이션을 준비해서 혼심을 다해 그 생각을 광고주에게 쏟아낸다. 내 아이디어가 제대로 전달되었는지보다 내 진심이 담긴 태도에 광고주의 마음이 움직였는지에 따라 결과가 달라진다.

프레젠테이션을 준비하는 마음은 롤러코스터에 오르는 마음과 비슷하다. 무서울 걸 알면서, 내려갈 때 소리 지르게 될 걸 알면서 우리는 기꺼이 열차에 몸을 싣지 않는가. 그렇게 롤러코스터를 타는 기분으로 나는 프레젠테이션을 즐긴다. 긴장감 넘치는 무대 위에서 펼치는 외로운 싸움. 떨리는 마음을 부여잡고 청중을 압도하는 퍼포먼스를 보여야 한다.

커뮤니케이션 이론 중 하나인 메라비언의 법칙에 따르면 상대방에 대한 호감을 결정짓는 요소에서 말의 내용(언어)이 차지하는 비중은 7퍼센트에 불과하고, 목소리나 말투(청각)가 38퍼센트, 표정과 자세 같은 태도(시각)가 55퍼센트를 차지한다고 한다. 즉, 대화에서는 전달하고자 하는 내용보다 시각적 · 청각적인 요소가 더 중요하다는 것이다. 그리고 화자가 호감이냐 비호감이냐는 보통 프레젠테이션 초반에 판가름 난다.

사실 나는 말을 유창하게 잘하는 사람보다 끼어들 틈을 주는 사람에게 호감을 느낀다. 말을 똑 부러지게 잘하는 사람은 언어 구사 능력이 뛰어나다. 하지만 언어 구사 능력이 뛰어난 사람이 꼭 공감 능력도 좋다고는 말할 수 없다. 반면 말을 좀 어눌하게 이어가더라도 그 속에 진심이 가득 차 있는 사람은 신뢰가 간

크리에이티브는 단련된다

다. 말을 청산유수로 하지는 못하더라도 '버퍼링'의 위기를 위트 있게 넘기는 모습에서 인간적인 매력이 보인다.

오디션 프로그램에서도 노래를 완벽하게 부르기보다 자기만의 색깔로 진정성 있게 부르는 사람이 더 큰 울림을 준다. 비록 음정이 정확하지 않아 불안할지라도 청중의 심금을 울리는 가수에게는 분명 다른 무기가 있다.

올해 초 방영된 〈내일은 미스트롯〉이라는 오디션 프로그램에 한 고등학생 쌍둥이 자매가 출연했다. 활기차고 상큼한 매력으로 심사위원의 시선을 사로잡은 자매였는데, 노래를 하다가 그만 고음 부분에서 실수를 하고 말았다. 그런데 자매는 당황하는 대신 노래 중임에도 "죄송합니다!"라고 솔직하게 말했다. 그 태도가 오히려 심사위원단의 마음을 움직여, 자매는 하트를 여덟 개나 받으며 예비 합격했다.

이처럼 투박하더라도 진정성을 담았다면 그 마음은 전해지기 마련이다. 경쟁 PT를 하다 보면 의외로 완벽에 가까운 PT를 보여준 사람이 지는 경우가 많다. 반면 PT 기술은 떨어지지만 메시지를 가슴에 와닿게 전달해 PT를 승리로 이끄는 경우를 자주 본다. 빈틈없는 연출보다 중요한 것이 자신의 아이디어를 대하는 태도다. 스티브 잡스의 '스타일'을 따라 하기보다 나만의

'진정성'을 담아 보여주라는 것이다.

발음부터 시작해 시선, 서 있는 자세까지 시중에는 다양한 PT 기술을 알려주는 책이 넘쳐난다. 하지만 프레젠테이션에서 이기려면 결국 기술이 아니라 열정이 담긴 진심이 전달되어야 한다. 광고를 크게 히트시키겠다는 욕심이든, 좋은 제품을 제대로 알리고 싶다는 의지든 그 마음이 상대방에게 진심으로 전해질 때 프레젠테이션의 힘이 발휘된다. 우리는 왜 프레젠테이션을 하는가? 내가 원하는 것을 얻기 위해 상대를 설득해야 하기 때문이다. 상대를 설득하는 가장 쉽고도 본질적인 방법은 진심을 전하는 것이다. 진심을 매력적으로 전하는 능력, 이것이 곧 설득력이다.

크리에이티브는 단련된다

진심을 매력적으로 전하는 능력,

설.득.력.

스타일을 따라 하기보다

나만의 진정성을 담아 보여줄 것.

메소드 서비스를
제공합니다

나는 별로 진득한 타입은 아니다. 그런데도 20년 가까이 이 일을 계속하고 있다. 비결이라고 한다면 담당하는 광고주와 광고 품목이 한번씩 바뀐다는 것이다. 뭔가에 쉽게 질려버리는 사람에게는 광고가 천직일지도 모르겠다.

담당하게 되는 광고주 품목에 내가 실제로 즐겨 쓰는 상품이나 서비스가 럭키하게 걸릴 때도 있지만 그렇지 않은 경우가 훨씬 많다. 하지만 개인적으로는 관심이 전혀 없거나 쓸 일이 없는 제품이라도 광고주가 일을 맡긴 순간부터 그 제품에 대해 진심을 다해 공부하고 고민한다. 어떤 품목을 맡게 되느냐에 따라 내 생활과 마음가짐이 크게 달라진다.

그럴 때마다 나는 메소드 연기를 펼치는 배우들을 떠올린다. 마치 배우가 실제 성격과는 전혀 다른 배역에 몰입하듯이, 나도 광고해야 하는 품목이나 서비스를 진짜 좋아하는 사람에 빙의하는 것이다.

멜 깁슨이 광고인으로 출연해 더 흥미로웠던 영화 〈왓 위민 원트what women want〉에는 내가 절대적으로 공감할 수밖에 없는 내용이 나온다. 깁슨이 여성 소비자의 입장을 이해하기 위해 직접 스타킹도 신어보고 여성 속옷도 착용해보는 장면이다. 여성을 위한 제품 광고를 만들기 위해 몸소 여자가 되는 빙의 과정을 보여준 것이다.

영화만의 이야기는 아니다. 실제로 광고 일을 하다 보면 비슷한 경험을 많이 하게 된다. 육아를 메인 소재로 한 삼성카드 캠페인을 맡았을 때는 회사 동료 중 아이가 있는 분들을 찾아다니며 이야기를 들었다. 나는 자녀가 없어서 직접적인 경험이 어려우니 간접적인 경로로 육아에 대한 공감대를 만들어가려고 했다. G마켓 광고를 담당하게 되었을 때는 먼저 G마켓 앱을 깔고 이것저것 쇼핑을 해보았다. 직접 소비자가 되어 할인도 받고 결제도 해보면서 서비스의 장단점을 파악했다.

그러다 한번은 큰 위기가 찾아왔다. 웬만해선 음식을 가리지 않는 나지만 유독 손을 못 대는 친구가 있다. 바로 새우다. 그런데 하필 버거킹 광고를 담당하면서 새우가 주재료인 신제품을 광고해야 하는 과제가 주어졌다.

여느 때처럼 나는 메소드 연기를 펼쳤다. 평소 새우를 즐겨 먹는 사람인 것처럼 신제품을 꾸역꾸역 먹은 것이다. 이제 와서 하는 말이지만, 사실 그날 햄버거를 몇 번 씹다가 광고주가 눈치채지 못하게 새우만 슬쩍 뱉어냈다. 그러다 보니 맛에 대해 정확한 판단을 내릴 수가 없었다. 그래서 함께 시식한 팀원들의 의견을 한 자라도 빠트릴 새라 귀를 기울였다. 새우가 들어간 햄버거를 좋아하는 사람들의 시식평을 종합해 제품의 느낌을 얻은 것이다. 그렇게 새우버거 덕후로 빙의한 후 광고 아이디에이션ideation을 시작했다.

설령 광고를 위한 작위적인 마음일지라도 아이디어를 내기 위해서라면 뭔들 못하겠는가. 이건 사람의 마음을 움직여야 한다는 목표가 있는 직업인이라면 누구에게나 통용될 만한 마인드이자 능동적인 자세라고 생각한다.

사람을 가장 많이 대면하는 업종 중 하나가 요식업이다. 회사가 있는 한남동 근처에 나를 감동시키는 파스타집이 하나 있

크리에이티브는 단련된다

다. '파스타 프레스카'라는 곳으로, 이곳엔 무심한 듯 섬세한 사장님이 계신다.

처음 방문했을 때 평소 즐겨 마시던 프로세코prosecco 와인 중 하나를 추천받아 식사와 곁들였는데, 다음에 방문했을 때 사장님이 주문을 받으며 "프로세코 좋아하시죠?"라고 먼저 물어봐주셨다. 술을 잘 마시지 않는 친구와 함께 가면 와인을 보틀로 시키기가 부담스러워 글라스로 주문하는데, 그 정도로는 내가 만족하지 못한다는 걸 알고 글라스 가득 와인을 따라주신다.

어떤 날에는 식사가 끝나갈 즈음 식후주라며 작은 잔을 내미셨다. 일반 와인보다 농밀하고 박하향이 감돌았는데, 이 술이 소화에 도움이 된다는 설명도 곁들여주셨다. 일행과 진지한 이야기를 나누고 있으면 조용히 다가와 커피 두 잔만 살포시 놓아주고 가시기도 했다.

롱보드longboard 맥주를 즐기는 것도, 안초비 파스타를 좋아하는 것도 척척 기억하신다. 평소에 파스타를 싹싹 비우고 가는 걸 기억해두셨는지, "부족하실까 봐 파스타 양을 넉넉하게 드렸어요!"라며 음식을 가져다주신다. 실제로 얼마나 더 주셨는지는 몰라도 이미 기분 좋은 포만감이 몰려온다.

음식 맛이야 의심할 것도 없다. 실제로 맛이 뛰어나기도 하지만 세심한 정성이 더해져 맛이 배가된다. 내 기호를 배려한 진심 어린 서비스가 이어지니 찾아가지 않을 도리가 없다. 이런 서비스를 받아본 손님이라면 반드시 충성 고객이 될 수밖에 없다. 나는 파스타집 입소문 마케팅의 주체가 되어 지인들을 몰고 간다. 지인들 역시 모두가 음식과 서비스에 감동하고 만족했다.

말하자면 파스타집 사장님도 메소드 서비스의 달인이었다. 손님의 마음을 잘 움직이고 잘 잡았다. 음식을 넘기기 전에 마음부터 넘어가게 한 것이다.

일방적인 배려는 배려가 아니라 자기 착각이고 오만이다. 상대가 어떤 포인트에 감동하고 고마워할지는 역지사지의 관점에서 생각해보면 의외로 쉽게 알 수 있다.

사람의 마음을 사로잡느냐 못 잡느냐도 결국 한 끗 차이다. 마음을 움직이고 싶은 사람이 있는가? 그렇다면 그 사람에게 빙의되어 메소드 연기를 펼쳐보자.

크리에이티브는 단련된다

나는 메소드 연기를 펼치는 배우들을 떠올린다.
배우가 배역에 몰입하듯이
제품이나 서비스를 진짜 좋아하는 사람에
빙의하는 것이다.

쇼핑유발자의
쇼핑

광고 기획자와 광고 제작자는 한마디로 말해 '쇼핑유발자'들이다. 하는 일은 조금씩 달라도 목표는 하나다. 소비자들에게 쇼핑 욕구를 유발하는 것이다. 우리가 광고하는 제품을 본 소비자들에게 지름신을 불러들여 마구 지르게 하는 것. 회사에 출근해서부터 퇴근할 때까지 어떻게 사람들이 더 즐겁고 신나게 돈을 쓰게 할까 고민한다. 좀 더 멋지게 말하면 '판매 전략'을 짜는 것이다.

이들에게는 한 가지 고충이 있다. 타인의 쇼핑을 유발하려다 본인들이 더 유발당한다는 사실이다. 빵집 사장님치고 다른 집 빵 안 먹어본 사람 없듯이 매일 쇼핑 전략 짜는 사람 중에 쇼핑 미니멀리스트는 거의 없다. 쇼핑을 싫어하는데 어떻게 남들이

크리에이티브는 단련된다

쇼핑을 하도록 구매욕을 유발할 수 있겠는가.

어느 한겨울 날, 지하철역 앞에서 군밤 장수 아저씨가 묵묵히 구운 밤을 까고 있었다. 냄새가 구수해서 끌리는데 날도 너무 춥고 다이어트 중이기도 해서 잠깐의 내적 갈등을 겪다 그냥 지나치려는 순간이었다. 이 군밤 장수 아저씨, 군밤만 잘 굽는 게 아니라 광고 카피도 잘 쓴다.

그냥, 갈 순 없잖아.

나무판에 쓰인 문장이 발길을 잡는다. 내 심리를 꿰뚫어 보는 군밤 아저씨의 전략에 사정없이 붙잡힌다. 결국 나에게 군밤 지름신이 내렸다. 어느새 군밤이 입속으로 들어가고 있다.

고백하자면, 나는 광고를 만들면서 남이 만든 광고에 잘 넘어간다. 수많은 판매 전략이 치밀하게 기획된 것임을 알면서도 광고에 혹해 소비하는 경우가 심심찮게 있다. 한마디로 광고에 취약한 인간이다.

나름 연식 있는 광고 전문가인데도 '믿을 수 없는 가격' 같은 문구에 순순히 영혼과 신용카드를 내놓는다. 나의 '믿을 수 없는 행동'에 화들짝 놀라면서. 무더위에 시원한 보리 음료 하나 사러 편의점에 갔다가 '1+1', '2+1'이라는 숫자 놀음에 필요 이상으로 많은 음료를 사는 것은 예사요, 맥주 한 캔 사러 갔다가 만 원에 네 캔이라는 유혹에 빠져 1초도 망설이지 않고 네 캔을 계산하는 것도 흔하다. 오랜 시간 광고 일을 하면서 남을 혹하게 하려고 고민한 수많은 아이디어와 카피에 스스로 넘어가는 것이다.

어떤 분야에서 성공을 거둔 사람은 깨어 있는 시간의 20퍼센트를 자기 분야의 콘텐츠를 소비하는 데 사용한다는 연구 결과가 있다. 실제로 넷플릭스 최고 콘텐츠 책임자인 테드 사란도스 Ted Sarandos는 비디오 대여점에서 알바를 하던 시절, 가게에 있는 비디오는 죄다 본 영화 마니아였다고 한다. 유명한 유튜버들도 이름을 알리기 이전에는 다른 유튜버들의 채널에 푹 빠져 있던 '유튜브 덕후'였다.

뛰어난 화가가 되려면 그림을 많이 그려보기도 해야 하지만 다른 사람의 그림도 많이 보고 사보기까지 해야 한다. 광고인도 똑같다. 남의 광고에 넘어가봐야 더 좋은 광고를 만들 수 있다. 아무것도 모르는 상태에서는 결코 통찰력이 생기지 않는다.

크리에이티브는 단련된다

일정한 지식과 경험이 누적되어야 생각이 힘을 낸다. 그래서 경험을 누적하기 위해 오늘도 모바일 쇼핑 창을 이리저리 건너며 신박한 카피에 걸려들어본다. 내일도 같은 값일지 모를 '오늘만 특가'에도 넘어가본다. 쇼핑에 유발당한 만큼, 더 잘 유발할 수 있으리라 믿으면서.

"어떻게 사람들이 더 즐겁고 신나게 돈을 쓰게 만들까?"
우선 나부터 광고에 넘어가봐야 한다.
남 쇼핑을 유발하려면 내 쇼핑이 먼저다.

투자의 제1법칙,
호기심에 투자하라

　신입 사원 시절부터 주식 투자를 했다. 당연히 돈을 버는 것이 목적이었지만 사실 시작한 계기는 작은 호기심 때문이었다. 내 인생 최초로 산 주식으로 하루 만에 신입 사원 월급을 벌기도 했고, 그 맛에 주식 시장에 더 큰 관심을 갖다가 큰 손실을 보기도 했다.

　당시에는 답답하고 막막했지만 이후 시장을 좀 더 냉정하게 보는 시각이 생겼다. 여러 주식을 들여다보고 사고팔면서 주식 시장에 대한 감을 익혀나가는 동안 아주 흥미로운 사실 하나를 발견했다. 일상에서 내가 보고 느끼고 행동하는 것과 한 회사의 주가는 직접적인 상관관계가 있다는 것이다.

　예를 들어 내가 아침 출근길에 스마트폰으로 제일 먼저 접속하는 포털 앱은 네이버다. 그리고 사무실에 도착해 자리에 앉아 컴퓨터를 켰을 때 가장 먼저 메인 화면으로 뜨는 포털 사이트도 네이버다. 아마 나처럼 네이버를 메인으로 해놓은 사람이 많을 것이다. 그 말의 의미는 네이버라는 사이트는 불특정 다수에게 장시간 노출이 되고 있다는 것이다. 그렇다면 수많은 기업이 네이버라는 공간을 자사 브랜드를 홍보할 수 있는 '기회의 땅'으로 보지 않을까. 실제로 무수한 회사가 네이버에 큰돈을 지불하면서 자신의 브랜드를 알리려고 앞다투어 몰려들었고, 네이버 주식이 계속 오르는 것은 당연한 결과였다.

그런데 매일 이렇게 네이버를 메인 화면으로 띄워놓고 하루 일과를 시작하는 사람들 중에 과연 몇 명이 네이버 주식을 샀을까? 극히 일부만이 관심을 가지고 주식을 샀을 것이다. 그리고 그 극히 일부만이 큰 수익을 냈을 것이다.

이런 사례는 사방에 널려 있다.

추석을 기점으로 11월의 블랙프라이데이, 크리스마스, 연말까지 많은 사람이 쇼핑에 몰두한다. 매장에서 직접 쇼핑을 하기도 하지만 요즘은 대체로 모바일로 손쉽게 쇼핑을 즐긴다. 쇼핑한 물건은 매일매일 집에서 택배로 편하게 받는다.

크리에이티브는 단련된다

보통 사람들은 아파트 단지마다 잔뜩 쌓여 있는 택배 상자를 보면서 '요즘 사람들 정말 택배 많이 받는다' 하고 단순하게 생각할 것이다. 그런데 누군가는 어느 쇼핑몰의 박스가 많은지, 어느 택배 회사의 차량이 드나드는지, 택배 상자를 만드는 회사는 어디인지까지 호기심을 가지고 찾아본다.

여기서 더 나아가 눈에 많이 보이는 쇼핑몰 회사의 주식을 찾아보고 눈에 자주 띄는 택배 회사의 주식도 알아보고 심지어 택배 박스 재료인 골판지를 생산하는 회사의 주식까지 체크한다. 그리고 주식을 사고 돈을 번다. 재미있지 않은가. 내가 들여다보는 만큼 돈을 벌 수 있는 기회가 열려 있다는 사실 말이다.

더 단순하게 계절과 연결해볼까.

여름이 다가오면 사람들은 시원한 음료와 아이스크림을 많이 먹는다. 물론 시대가 바뀌어 그 종류가 달라지긴 했지만 근본적으로 겨울보다 여름에 더위를 물리쳐줄 먹을거리를 많이 찾는다는 사실은 크게 다르지 않다. 그러니 매년 여름이 오기 전부터 아이스크림, 음료, 맥주를 판매하는 회사를 지켜보다가 그 회사의 주식을 관심 종목에 올리면 되지 않을까.

에어컨이나 선풍기도 마찬가지 관점에서 접근하면 답이 쉽게 나온다. 추위가 몰려오는 계절에는 따뜻하게 겨울을 보내게 해주는 제품이나 물건을 생산하는 회사를 유심히 보면 된다. 미세먼지가 연일 계속될 때 마스크를 사는 데서 끝나지 않고 마스크를 제작하는 회사의 주식을 사는 사람은 마스크를 사는 데 쓴 돈보다 더 많은 돈을 벌 것이다. 종일 미세먼지에 오염된 옷을 관리해주는 의류청정기를 만드는 회사도 기회의 대상이 될 수 있다.

단순히 주식으로 수익을 내는 비법을 말하고 있는 것이 아니다. 우리 주변에 널린 수두룩한 기회를 얼마나 어이없게 날리고 있는가에 대해 이야기하고 있는 것이다. 이로운 결과로 이어지는 놀라운 발견은 들여다보는 사람의 자세와 태도에 의해 이루어진다. 호기심이 돈으로 이어지는 이 단순하면서 놀라운 이야기를 많은 사람이 놓치며 살고 있다.

내 하루를 이루는 일상의 동선을 꼼꼼히 돌아보자. 그리고 나에게 감탄을 불러일으키고 감동을 주었던 대상들을 깊이 있게 살펴보자. 감탄과 감동으로 내 정서를 풍부하게 해주는 데서 그치지 않고 내 생활을 이롭게 만들어줄 것이다. 호기심을 가지고 사람들의 행동 패턴만 주의 깊게 살펴봐도 의미 있는 투자

수익을 낼 수 있다.

투자를 잘하고 싶다면 먼저 나를 둘러싼 일상이 어떻게 돌아가는지 관심을 갖고 챙겨 보는 게 어떨까. 평범한 하루에서의 발견이 특별한 수익을 내줄 고마운 힌트가 될 수 있다. 감각의 날을 세우고 호기심에 투자하는 것, 이것이 투자의 제1 법칙이다.

투자의 첫 번째 원칙은
호기심에 투자하는 것이다.

2.
관찰하는 눈

아날로그는
날로 힘이 세진다

'본방 사수'라는 말이 없던 시대가 있었다. 1990년대만 해도 우리가 보고 듣는 모든 것은 '본방'뿐이었다. 때문에 〈모래시계〉가 '퇴근시계'였던 것처럼 언제나 정해진 시간에만 방영되는 방송들을 기필코 사수해야 한다는 정서가 당연했다.

지금 라디오에서 나오는 음악을 바로 녹음하지 못하면 언제 다시 들을 수 있을지 몰랐다. 주말 연속극을 놓치면 그다음 주까지 지난 회의 내용을 모른 채 속절없이 기다려야 했다. 극장에서 내려간 영화는 비디오로 나올 때까지 그리고 동네 비디오 가게에 비디오가 들어올 때까지 견뎌야 했다.

이렇게 아날로그 경험에는 뭔가를 기다리고 안달하는 마음이 포함되어 있다. 디지털 경험에서는 불필요한 과정과 감정이라고도 할 수 있다.

그런데 모든 게 편리하고 쉬워지면서 우리는 오히려 뭔가가 결핍되어 있다고 느끼기 시작했다. 처음에는 일상의 편리함 덕분에 금세 디지털과 사랑에 빠졌다. 하지만 점점 사람 냄새에 대한 그리움이 커지면서 복고 열풍이 불더니, 아예 레트로에 '뉴new'를 붙여 '뉴트로 New-tro'라는 신조어까지 생겨났다. 뉴트로란 새로움과 복고를 합친 말로, 옛날에 유행하던 것들을 요즘 시대에 맞게 새롭게 즐기는 방식을 말한다. 아날로그가 중장년층만의 향수가 아니라 그 시절을 겪어보지 못한 밀레니얼 세대에게까지 먹히는, '세대를 넘어선 소비 취향'으로 자리매김한 것이다.

한 예로 2017년 '구닥캠 Gudak Cam'이라는 카메라 앱이 출시 3개월 만에 16개국 애플 앱스토어 유료 앱 전체 카테고리 1위를 차지하며 히트를 쳤다. 실제 돈을 들여 앱을 살 정도로 사람들이 열광한 것이다. '구닥'이라는 이름은 구닥다리라는 단어에서 차용했다고 하는데, 필름 회사로 한 시절을 풍미한 '코닥'의 오마주 같기도 하다.

재미있는 사실은 구닥을 이용해 사진을 찍으면 바로 사진을 볼 수 없다는 것이다. 예전에 필름 카메라로 찍은 사진을 사진관에서 현상해야만 볼 수 있었던 것처럼, 하루 최대 24장의 사진만 찍을 수 있고, 72시간 즉 3일 이상을 기다려야 내가 찍은 사진을 볼 수 있다. 기다린다는 불편함을 설렘으로 바꾸는 역발상과 필름 카메라의 아날로그적 매력을 잘 담아낸 것이다.

2018년 12월 'Young Retro, 미래로 후진하는 디자인'을 메인 콘셉트로 한 서울디자인페스티벌이 삼성동 코엑스에서 열렸다. 180여 개 브랜드와 600여 명의 디자이너가 참여했는데, 부스마다 각 디자이너의 개성 넘치는 레트로 감성이 가득했다. 낯선 과거의 모습에 현대적인 감각이 더해져 관람객들에게 신선함과 친근함이 동시에 전해졌다.

무엇보다 20대 관람객이 압도적으로 많아 놀랐다. 실제로 젊은 세대의 감성과 취향을 놓치지 않은 다양한 시도들을 만날 수 있었다. 기성세대에게는 추억을 불러일으키면서 젊은 세대에게는 새로운 경험을 선사하는, 영리하게 잘 기획된 전시였다.

특히 레트로 감성을 게임과 접목한 '배달의민족'(이하 배민) 부스가 인상적이었다. 배민은 늘 기대감을 주는 브랜드라 더 관심을 가지고 꼼꼼히 챙겨 봤다.

얼핏 보기에는 무슨 실험실이나 연구소 같았는데 들어가보니 추억의 오락실을 현대 버전으로 재현한 것이었다. 배민이 직접 개발한 '한나체 프로'를 이용한 타자 게임을 관람객들이 즐길 수 있었다. 게임 방법은 간단하다. 시작과 동시에 여러 단어가 화면 맨 위에서 아래로 내려온다. 그중 치킨, 골뱅이, 백숙, 가츠동, 웨지감자, 참치회 같은 음식 이름들만 재빨리 가려내틀리지 않고 타이핑을 하면 각 음식의 칼로리가 점수로 더해진다. 그렇게 총 칼로리가 높은 순서대로 순위가 매겨지는 게임이었다. 음식 이름을 입력하면 해당 음식의 일러스트가 반짝 나났다가 사라지는 재미도 더했다. 뉴트로 감성을 담은 아날로그게임 방식으로 아주 쉽게 배민의 매력을 체험하게 한 것이다.

최근에는 뉴트로에서 한 단계 업그레이드되어 복고를 최신유행으로 즐기는 '힙트로Hip-tro'까지 등장했다. 뉴트로가 복고를 새롭게 즐기는 취향이라면, 힙트로는 아예 촌스러움을 가장 '힙'한 스타일로 여긴다. 따라서 오리지널 상품의 클래식 디자인, 스테디셀러를 재해석해 내놓는 제품이 주를 이룬다.* 힙트로 트렌드를 대표하는 아이템인 '어글리 슈즈'는 투박한 디자인과 과감한 컬러 조합으로 복고 감성을 재현하며 사랑받고 있다. 발렌시아가에서 시작해 휠라에 이르기까지 1020세대의 전폭

---

* 　한진, '뉴트로' 넘어 '힙트로' 시대, <중앙일보>, 2018년 10월 16일

　크리에이티브는 단련된다

적인 지지 속에서 아예 기본 아이템으로 굳어지는 분위기다.

그런데 밀레니얼 세대는 왜 이토록 레트로, 뉴트로, 힙트로에 열광하는 것일까?

아마도 아날로그가 밀레니얼 세대는 경험해보지 못한 새로운 감성과 소장 욕구를 불러일으키기 때문인 듯하다. 이미 웬만한 일상의 불편함은 엄청난 속도로 진화하는 기술의 편리함으로 대체되고 있다. 그럼에도 기술이 대신하지 못하는 것이 있다. 바로 정서적인 면, 즉 사람의 마음을 끌어내는 힘이다. 단언컨대 사람의 마음을 끌어내는 힘은 아날로그가 디지털을 압도한다.

일본의 유명한 영화감독이자 코미디언인 기타노 다케시의 수필집 《기타노 다케시의 생각노트》라는 책에는 이런 일화가 나온다. 업계에서 큰 성공을 거둔 다케시는 그토록 동경하던 포르쉐를 뽑는다. 포르쉐를 처음 탄 날, 그는 막상 포르쉐에 타서 운전을 하고 있으니 포르쉐를 탄 자신의 모습을 볼 수 없다는 사실에 탄식한다. 그래서 친구를 불러내 포르쉐를 몰게 하고는 자신은 택시를 타고 뒤따라가면서 그 모습을 지켜본다. 그리고 택시 기사에게 말한다.

"어이 기사 양반, 저 앞에 가는 포르쉐가 내 포르쉐예요. 어때요, 멋지죠?"[*]

포르쉐를 타고 얼마나 빨리 달리느냐가 중요한 게 아니다. 포르쉐라는 차가 주는 충족감이라는 정서를 실제로 확인하는 욕구가 더 우선인 것이다. 이런 욕구는 누구에게나 있다. 음악을 예로 들어보자.

솔직히 보통 사람이 디지털 음원과 고품질 LP판에서 흘러나오는 음악의 차이를 구분하기는 쉽지 않다. 게다가 음원은 LP판보다 가격도 훨씬 싸다. 그런데 최근 LP판 구매량이 늘어나는 추세라고 한다.

소비자는 실체를 볼 수 없는 디지털 음원보다 직접 만지고 소유할 수 있는 LP판으로 듣는 음악을 더 값지게 받아들인다. 멜론 앱에서 스트리밍을 켜고 블루투스로 연결해 음악을 들을 때보다 LP판이라는 실체가 내 눈앞에서 돌아가며 노래를 들려주고 그 앨범 재킷은 턴테이블 옆에 멋지게 세워져 있을 때 정서적인 만족감과 행복감이 더 크다는 것이다.

그래서 디지털 시대에 크리에이티브가 추구해야 할 방향은

[*]   기타노 다케시, 《기타노 다케시의 생각노트》, 권남희 옮김(북스코프, 2009), 120쪽.

포르쉐에 태워주는 것이 아니라 포르쉐가 주는 충족감을 보여주는 것이다.

동서식품의 모카골드는 2015년부터 꾸준히 아날로그 감성과 브랜드를 연결짓는 캠페인을 선보이고 있다. 아무리 전자책 e-book이 보급되어도 서점은 사라지지 않음을 알리고자 했던 모카 책방, 스마트폰 카메라로 편리하게 사진을 찍는 시대를 살지만 필름 카메라의 따스함을 전하고자 했던 모카 사진관, 스트리밍을 통해 음악을 듣는 세상이지만 레트로 감성을 담은 음반을 틀어주는 모카 라디오까지, 소비자가 따뜻한 아날로그 감성을 경험하게끔 매년 캠페인을 이어가고 있다.

아날로그는 분명 현재에도 귀한 가치를 지닌다. "Old is new 오래된 것이 곧 새로운 것"이라는 말이 있듯이 그 오래된 가치에서 새로움을 발견할 수 있지 않을까.

나 역시 트렌디해지기 위해 매일같이 새로운 정보를 받아들이지만, 감성만큼은 되도록 아날로그적인 인간으로 남아 있으려고 노력한다. 해외로 여행을 갈 때마다 그곳의 벼룩시장을 찾는 이유도 여기에 있다. 그 나라의 아날로그들을 한자리에서 만날 수 있기 때문이다. 여전히 작동하는 구식 폴라로이드 카메라, 솜씨 좋은 핸드메이드 인형, 클래식한 안경테, 세월이 느껴지는 찻잔 받침, 색 바랜 고서, 할머니의 파스텔톤 식탁보, 꼬질꼬질한 옛날 동전, 내공이 느껴지는 만년필까지, 풍부한 영감의 소재들이자 마음에 안정감을 주는 실체들이다. 내 시간이 미래로 나아갈수록 내 마음은 점점 더 과거로 후진하고 있다. 사실 그래서 나는 뉴트로 열풍이 반갑다.

디지털은 망각을 위한 편리함이지만 아날로그는 기억을 위한 불편함이다. 편리한 것은 반드시 어딘가에서 불편해진다는 것을 실감하는 요즘이다.

크리에이티브는 단련된다

디지털은 망각을 위한 편리함이지만
아날로그는 기억을 위한 불편함이다.

만족은
불만족에서 태어난다

뜬금없을 수도 있는데, 아침에 샤워할 때마다 자주 하는 생각이 하나 있다. 내가 구석기시대가 아니라 샤워 시설이 잘 발달한 20세기에 태어나서 참 다행이라는 생각이다. 언제든 샤워기 레버를 돌리기만 하면 뜨거운 물이 콸콸 쏟아져 나온다. 매번 이 엄청난 양의 따뜻한 물이 어디서 오는지 제대로 알지는 못한다. 다만 이런 시설이 갖춰진 현대식 욕실에서 아침을 맞이할 수 있어 행복하다. 선사시대에 태어났다면 축축하고 딱딱한 동굴 바닥에서 자다가 아침을 맞이했을 것이다. 그리고 풀잎으로 된 거적때기로 겨우 몸을 가리고 동굴 밖으로 나간 후, 돌로 내리쳐서 잡은 동물의 고기로 끼니를 때웠음은 말할 것도 없다.

구석기시대 사람들은 얼마나 불만이 많았을까. 왜 이 풀잎

크리에이티브는 단련된다

거적때기는 따뜻하지도, 아름답지도 않은 건지. 동굴 바닥은 왜 이렇게 딱딱하고 추운 건지. 그렇게 수천수만 년 동안 불만이 쌓였고, 인간은 그 불만들을 내버려두지 않고 하나하나 해결해왔다. 덕분에 오늘날 그 후손들은 쾌적한 아침을 맞이하고 있다.

그럼 21세기가 되었으니 예전보다 불만이 좀 줄어들었을까? 아니, 오히려 주위를 둘러보면 구석기시대와 비교도 안 될 만큼 많은 불만거리가 넘쳐난다. 지금 당장 해결하지 않으면 못 견딜 것 같은 불만부터 깊게 생각하지 않으면 그러려니 하고 살아갈 만한 불만까지 그 종류도 다양하다.

나는 이참에 작정하고 아침부터 저녁까지 일상에서 사소한 불만들을 나열해보았는데 꽤 많았다.

- 아침에 일어났을 때 커튼이 쳐져 있어서 어둡다.
- 샤워를 하고 나면 욕실화에 물기가 많이 묻어 있어 미끄럽다.
- 비누가 녹아내린 비누통이 지저분해 보인다.
- 전기면도기로 면도를 하는데 깎은 수염이 세면대 위로 너무 많이 떨어진다.
- 세면대 위 거울을 보는데 물 얼룩 때문에 얼굴이 제대

로 보이지 않는다.

- 옷장에 입을 만한 옷이 없다. 겨우 골라 입은 옷도 마음에 안 든다.
- 지갑이랑 차 키를 어디에 두었는지 기억이 나질 않아 찾는 데 애를 먹는다.
- 새로 산 스니커즈를 신었더니 뒤꿈치가 아프다.
- 차를 타려는데 옆 차가 너무 바짝 주차를 해두어서 운전석 문을 열기가 쉽지 않다.
- 겨우 차 문을 열고 타다가 옆 차에 잔뜩 묻어 있던 먼지들을 내 옷으로 다 닦았다.
- 회사 출입용 사원증이 도통 보이질 않는다.
- 출근해 지하 카페에서 커피를 한잔 사려는데 사람이 많아 대기 시간이 너무 길다.
- 올라가는 엘리베이터 역시 사람들이 몰려 오랜 시간 기다려야 한다.
- 내 자리 근처에 있는 복사기, 프린터 소음이 거슬린다.
- 복사나 프린트를 하면서 일어나는 흑연 가루 때문에 눈이 맵다.
- 컴퓨터 앞에서 장시간 일하다 보니 나도 모르게 목과

어깨, 허리가 구부정해진다.

- 내 노트북 화면이 지나가는 사람들에게 노출되는 것이 불편하다.

- 의자에 오래 앉아 일하다 보면 다리를 쭉 펴고 싶은데 다리를 받칠 게 없다.

- 주차 타워에서 내 차가 출차되기까지 너무 오래 걸린다.

- 퇴근길에는 유독 차가 막히는 것 같다.

- 배는 고픈데 혼자 한끼를 해결할 만한 식당이 마땅히 떠오르지 않는다.

- 마트에서 장을 보고 싶은데 퇴근 후 들러보니 좋은 물건은 이미 다 팔렸다.

- 차 한잔하며 책을 더 읽고 싶은데 동네 카페는 열 시면 문을 닫는다.

이런 불만 사항은 하루 일과만 밀도 있게 관찰해도 쉽게 찾아낼 수 있다. 불만을 만족으로 바꾸는 솔루션 또한 이 불만 사항을 꼼꼼히 따져보면 찾을 수 있다. 실제로 나와 비슷한 불만을 가진 동시대인들이 많은지, 위에 나열한 불만 사항 중 상당수는 해결되었거나 해결하려고 시도 중이다.

낮이고 밤이고 제자리를 찾지 못하는 TV 리모컨은 올레TV의 인공지능 스피커인 기가지니에게 "리모컨 찾아줘!"라고 말하면 리모컨에서 알람이 울리면서 위치가 발각된다. 스마트폰을 잃어버려도 큰 걱정이 없다. 개인 PC와 연동해 '내 스마트폰 위치 찾기' 기능을 작동하면 스마트폰의 위치가 바로 추적된다.

오늘 뭘 입을지 고민인 사람들을 위해 'OOTD^{Outfit Of The Day}'를 테마로 한 큐레이션 앱, 쇼핑몰도 등장했다. 스마트폰에 사원증을 넣을 수 있도록 모바일 사원증을 도입하는 회사도 늘고 있다. 일어서서도 편하게 일할 수 있는 책상도 나왔다. 심지어 러닝머신 위에서 걸으며 일할 수도 있다.

혼자 밥을 먹기는 헛헛한 사람들이 함께 모여 식사하는 새로운 사회적 관계인 '소셜 다이닝^{Social Dining}'도 생겨났다. 또 배달 앱이 생겨서 배달이 되지 않던 맛집의 음식까지도 안방에서 편안하게 챙겨 먹을 수 있게 되었다.

아마 자율주행 기술이 더 발달하면 차에서 내린 후 알아서 주차가 될 테니 '문콕'을 걱정하며 힘겹게 내릴 필요도 없을 것이다. 심지어 영화 〈아이언맨〉의 실제 모델로 잘 알려진 테슬라 CEO 엘론 머스크^{Elon Reeve Musk}는 교통 체증을 해결하기 위해 '더 보링 컴퍼니^{The Boring Company}'를 설립해 지하 터널을 파고 있다고 한다.

솔직히 나는 이런 불만들도 그러려니 하며 살던 사람이었다. 그런데 조금 관점을 바꿔 이것들을 해결할 수 있는 문제라고 보고 하나씩 따져보기 시작하니 재미있는 생각들이 솟아났다. 아이디어 상품으로 대박이 나지 않을까 싶어 혼자만의 스케치도 이어가고 있다.

마침 회사에서도 하루하루를 그냥 흘려보내지 말고 새롭게 만들어보자는 차원에서 작년부터 '발명생활'이라는 대회를 개최하기 시작했다. 첫해 우승한 발명 아이디어는 옆 팀 후배가 생각해낸 '2회용 컵'이었다. 우리가 당연하게 '1회용 컵'이라고 부르던 종이컵을 이름만 '2회용'으로 바꿈으로써 사람들의 인식까지 바꿔놓았다. 두 번만 써도 재활용품이 반으로 줄어든다는 기발한 크리에이티브였다.

나는 평소 생각했던 의자 아이디어를 출품했다. 공간을 많이 차지하지 않으면서도 편안하게 쉴 수 있는 의자를 회사에 둘 수 없을까 하는 생각에서 시작된 아이디어였다. 이름은 '커넥트 플러스 체어'로 등받이를 올리고 내리는 것만으로 다양하게 활용 가능한 의자다. 라텍스 소재로 마라톤 회의에도 끄떡없는 착

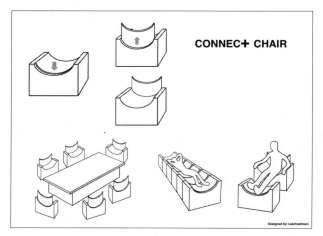

CONNEC+ CHAIR

Designed by Leechaehoon

회사에서는 편히 쉴 수 없다는 불만족을 바탕으로 만들어 본
커넥트 플러스 체어.

석감을 자랑하며, 의자를 연결하면 간이침대로 사용할 수 있는 장점이 있다. 입상을 하지는 못했지만 구상만으로도 즐거운 아이디어였다.

우리 선조들과 지금을 살아가는 모든 사람이 불만쟁이들이라서 참 다행이지 않은가. 그들의 불만족이 없었다면 지금의 만족도 없었을 것이다. 불만족스러운 상황에서 크리에이티브한 발상이 태어났고, 그 발상을 실행으로 옮겨 만족스러운 솔루션을 끌어냈다.

불만족은 여전히 무한 증식하고 있다. 이 불만족들을 그냥 내버려둘 것인가 아니면 남다른 관찰력을 발휘해 만족으로 바꾸고 말 것인가. 늘 그렇듯이 생각과 아이디어는 한 끗 차이다.

세상이 더 나은 곳으로 발전했는지는 모르겠다. 그저 아침마다 샤워기에서 쏟아져 나오는 온수로 개운하게 몸을 씻을 수 있어서 감사할 따름이다.

새로 산 스니커즈를 신으니 뒤꿈치가 아프다.

커피를 사려니 줄이 너무 길다.

퇴근 길에는 유독 차가 막힌다.

불만족은 여전히 무한 증식하고 있다.

불만족을 그냥 내버려둘 것인가,

남다른 관찰력을 발휘해 만족으로 바꾸고 말 것인가?

덕후의 눈에만
보이는 것들

프랑스의 유명 화가 폴 세잔은 말 그대로 '사과 덕후'였다.

스스로를 다른 천재 화가들과는 거리가 먼, 평범한 시골 화가라고 생각한 세잔은 자신의 부족함을 '오래 관찰하는 노력'으로 채우려고 했다. 그리하여 움직임도 없고 잘 썩지도 않으며 쉽게 구할 수 있었던 사과를 모델로 선택했다. 세잔은 사과를 수도 없이 보고 또 보고, 생각하고 또 생각했다.

그리고 깨달았다. "우리 눈에 보이는 것 중에 변하지 않는 건 하나도 없다. 아무리 오래 관찰을 해도 내가 그릴 수 있는 건 순간의 모습일 뿐"이라는 것을.

그래서 그는 순간의 사과가 아니라 진짜 사과를 그리기로 결심한다. 빛에 따라 사과의 색깔이 어떻게 바뀌는지, 각도에 따라 사과의 형태가 어떻게 달라지는지 집요하게 살폈다.

이렇게 시시각각 변하는 사과의 모습들을 하나로 조합해 세 잔은 진짜 사과를 완성했다. 생각을 적극적으로 개입시켜 깊이 있게 사과를 들여다봄으로써 사과를 대충 본 사람들은 보지 못한 부분을 발견했다. 그리고 세잔은 사과의 대가가 되었다.

세잔은 기존의 원근법을 따르지 않고 직접 경험하고 체험한 관찰을 바탕으로 세상에 없던 입체감과 공간감을 만들어냈다. 그리고 그의 이런 '사과 덕질'은 피카소와 마티스 같은 또 다른 모던아트의 대가에게 큰 영향을 주었다.

상상을 보태자면 세잔은 사과를 깎아보기도 하고 잘라보기도 하며 오랜 시간 내버려둔 채 어떤 변화가 생기는지 한없이 지켜봤을 수도 있다. 그러다 사과가 상하고 썩는 과정까지도 사과의 일부로 받아들였을 것이다. 사과를 한 입 베어 먹었을 때의 모습부터 다 먹은 후 앙상하게 남은 뼈대의 모습까지 온몸으로 체득했으리라 믿는다.

우리는 얼마나 적극적인 관찰을 하며 살아가고 있을까? 예를 들어보자. '커피'라는 제시어를 하나 던져주고 커피에 대해 자유롭게 연상한 바를 써보라는 질문이 주어졌다.

크리에이티브는 단련된다

1. 스타벅스 커피

2. 편의점 커피

3. 다방 커피

…

혹시라도 이런 식의 간단한 답을 생각했다면 스스로를 일관성 있는 사람이라고 위로해도 좋다. 그러나 사고의 폭을 넓혀 생각해보면 이런 다양한 대답이 나올 것이다.

1. 커피 향을 맡았더니 공유가 나오는 카누 광고의 씨즐sizzle 컷이 생각난다.

2. 스페셜티 커피Specialty Coffee의 유행이 블루보틀 다섯 시간 줄 서기 사태를 불렀다.

3. 핸드 드립 커피 시장이 성장하면서 인스턴트커피 시장에 변화가 일어났다.

4. 코피 루왁Kopi Luwak을 만드는 과정에 동물 학대가 있었다.

5. 커피 열매는 볶기 전에는 녹색이다.

사실 매일 마주하는 일상을 대충 지나치지 않고 궁금한 것이 생길 때마다 메모하는 사람이라면 어렵지 않은 문제일 수 있다. 하나의 소재를 두고 다각적으로 접근해 관찰하는 습관을 길러두는 것이 좋다.

관찰은 생각의 확장을 불러온다. 어떤 대상을 관찰함으로써 생각이 일어나기 시작해 그 대상에 연결된 수많은 단어와 이미지로 퍼져나간다. 어쩌면 브레인스토밍의 시작이자 끝이 관찰 아닐까? 또 자세히 관찰하고 분석하다 보면 그 대상의 이면에 숨은 본질을 이해하게 된다. 그리고 표면에는 드러나지 않았던 다양한 요소들을 발견하게 된다. 세잔이 사과에서 얻은 '유레카'처럼 말이다.

그래서 평소 뭐 하나에 빠졌을 때 집요하게 파고드는 사람을 보면 존경심마저 든다. 최근에는 덕후 문화가 사회 전반으로 퍼지면서 방송이나 유튜브는 물론 창업 시장에서도 덕후들이 대접을 받고 있다고 한다. 덕후의 가장 큰 특징으로는 높은 몰입도를 꼽을 수 있다. 이들은 단순한 관심사를 취미로, 취미를 전문가 수준으로 발전시킨다.[*] 과연 무언가에 열렬히 빠져본 적 있는 사람이 다른 일에서도 열정을 불태울 확률이 높다.

좋아하는 사자성어 중에 '불광불급不狂不及'이라는 말이 있다.

크리에이티브는 단련된다

미쳐야 미칠 수 있다. 어떤 일에 초집중해 한마디로 미친놈 소리를 들을 만큼 몰입해야 궁극에 이를 수 있다는 뜻이다. 〈생활의 달인〉이라는 프로그램을 즐겨 보는 이유도 불광불급의 삶을 살고 있는 사람들의 모습을 볼 수 있기 때문이다.

지금 나는 무엇에 빠져 살고 있는지 돌아볼 일이다.

*   류지민, 노승욱, 덕후 전성시대, <매경이코노미>, 2019년 6월 21일

미쳐야 미칠 수 있다.
미친놈 소리 들을 만큼 몰입해야
궁극에 이르게 된다.

외국인 렌즈를
장착하라

점심시간이 끝나고 다시 사무실로 돌아가는 길이었다. 한 외국인이 수십 년간 그 자리에 있었던 것 같은 평범한 빨간색 우체통을 DSLR로 정성 들여 찍고 있었다. 매일 지나다니는 길이라도 그 길의 가로수가 어떻게 생겼는지 자세히 알지 못하듯, 매일 지나다니던 길에 놓인 우체통에 눈길 한번 준 적이 없었다. 나는 있는지도 몰랐던 우체통을 외국인은 보물이라도 만난 듯 카메라에 담고 있었다.

우리는 같은 길 위를 다른 마음으로 걸었다. 나는 점심을 먹고 남은 일을 하기 위해 사무실로 복귀하는 무거운 마음으로, 외국인은 멀리 여행을 떠나와 설레는 마음으로.

아닌 게 아니라 해외여행만 가면 모든 게 아름다워 보이지 않는가. 나만 해도 경복궁과 광화문 같은 위대한 문화유산이 집 근처에 있어 별 감흥을 느끼지 못하는 반면, 외국 관광지에만 가면 감탄사를 연신 쏟아낸다. 눈을 반짝거리며 하나라도 놓칠까 골목골목을 샅샅이 둘러본다. 그곳에 사는 사람들도 내가 우체통을 찍는 외국인을 보며 그랬듯이 별것 아닌 것에 감탄하는 나에게 오히려 감탄할지 모른다.

광고 촬영을 하다 보면 같은 곳도 다르게 담아내야 한다는 압박을 많이 받는다. 해외 촬영은 제작비가 많이 들어 나가는 것 자체가 쉽지 않고, 국내 로케이션의 경우 괜찮은 곳들은 이미 많이 알려져 신선한 맛이 떨어진다. 더구나 이 좁은 땅에서 광고는 하루에도 몇 편씩 온에어되는데 거기서 거기인 장소를 새로운 신으로 담아내기는 거의 불가능하다고 생각하던 참이었다. 그때 정신을 바짝 차리게 하는 광고 한 편을 만났다.

2014년 외국 광고대행사 위든+케네디 도쿄WIEDEN+KENNEDY TOKYO가 제작한 나이키 광고 '승리의 룰' 시리즈였다. 한국인이라면 익숙한 일상이 배경으로 등장한다. 이를테면 삼각지역 근처의 한 웨딩홀. 화면 가득 잡힌 웨딩홀 옥상에서 박지성이 테니스를 치다가 날아온 테니스 공을 헤딩으로 넘겨버린다. 웨딩

매일 보는 풍경도 이국적으로 만들어버린 나이키 광고.

승리의 룰

홀 옥상을 저렇게 역동적인 공간으로 볼 수도 있구나 싶었다. 우리나라 사람이 등장하고 우리나라에서 촬영했는데도 더없이 이국적으로 보인다. 학교 교실부터 시작해 분식점, 아파트, 경비실, 동네 골목까지 우리 주변의 흔하디흔한 풍경을 담았을 뿐인데 소위 '때깔'이 다르다. 외국인 감독의 눈으로 바라본 한국은 말 그대로 '타국'이었다.

분명 같은 공간과 풍경인데 이렇게 다른 그림이 만들어질 수가 있나? 왜 나는 수도 없이 지나치던 집 근처, 회사 골목 풍경을 이런 마음가짐으로, 이런 눈길로 바라보지 못했을까?

새로움을 발견한다는 것은 익숙한 개념에서 낯선 가치를 찾아내는 작업이다. 공간이나 사물은 하나의 이야기만 하지 않는다. 우리가 익숙한 이야기에만 귀를 기울이기 때문에 다른 이야기들을 놓치는 것뿐이다. 결국 어떻게 바라보느냐, 그 태도가 새로움을 결정한다.

수많은 사람이 오가는 상하이 거리에서 한 커플이 서로를 지그시 쳐다본다. 남자가 스마트폰을 꺼내 연인의 사진을 찍으려는 듯 카메라를 인물 사진 모드로 설정한다. 그러자 시끄럽던 소음과 행인들이 사라지고 텅 빈 도심에는 커플만이 남는다. 이

주관적 애정 시점

'주관적 애정 시점'은
'전지적 무관심 시점'이던 나를 돌아보게 만들었다.

풀영상

주관적 애정 시점

전에는 보이지 않던 매력이 속속들이 드러난 상하이를 만끽하며 커플은 영화 같은 데이트를 즐긴다.

사랑하는 연인의 모습을 카메라에 담을 때면 오직 그 사람만 보인다는 내용으로 피사체는 또렷하게, 배경은 흐릿하게 찍어주는 인물 사진 모드를 강조한 애플의 아이폰 광고다. "focus on what you love"라는 영어 카피를 "주관적 애정 시점"으로 번역한 아이폰 7의 감각이 고스란히 전해진다.

애정 어린 시점으로 바라보면 같은 풍경도 같은 풍경이 아니게 된다. 이 광고를 보다가 오롯이 사랑스러운 연인만을 남기면서 드러난 상하이 풍경에 푹 빠져버렸다. 실제로 상하이를 여행할 때는 보지 못했던 멋진 거리가 제대로 보였다.

어쩌면 그동안 내가 주변 풍경을 '전지적 무관심 시점'으로 바라봐온 것은 아닐까.

"판타스틱!"

최근 고프코어gorpcore 스타일로 실용적인 어글리 패션 트렌드를 선도한 패션 디자이너 키코 코스타디노브Kiko Kostadinov가 지난해 동묘 시장을 둘러보고 외친 말이다. 그는 동묘 벼룩시장에서 만난 할아버지들의 과감한 패션에 충격을 받았다고 한다.

심지어 동묘 거리를 세계 최고의 패션 거리라 극찬하며 자신의 인스타그램에 스웨그swag 넘치는 동묘 어르신들의 사진을 올리기도 했다.

그는 미화원이나 공사장 인부 등이 입고 있는 작업복이나 유니폼에서 영감을 얻어 작업을 한다. 그래서 우리는 대수롭지 않게 생각했던 어르신들의 색감 강렬한 등산복 점퍼와 정장 바지의 믹스 앤 매치, 배꼽 위까지 바지를 끌어올린 하이웨이스트 스타일, 통기성 좋은 작업용 티셔츠 위에 걸친 알록달록한 팔 토시 같은 아이템이 외국 패션 디자이너에게는 쇼킹한 룩북lookbook, 그 자체였던 것이다.

최근 세계 최대 온라인 쇼핑몰 아마존닷컴에서는 '호미'가 히트 상품이 되기도 했다. EBS 〈극한직업〉이라는 방송에도 소개된 경북 영주의 대장간 장인이 직접 만들어 판매 중인 호미는 아마존닷컴 원예 톱 10에 이름을 올릴 만큼 인기가 높다. 국내 판매가보다 훨씬 비싼 가격임에도 불타나게 팔리고 있다. 해외에서 연일 주문이 들어와 대장간에서 잔업을 해도 물량을 뽑아내지 못할 정도라고 하니 그야말로 대박이 났다.

호미는 주로 시골에서 밭일을 할 때 쓰는 농사 기구 정도로 인식되어 있다. 일반인은 크게 관심도 없고 실제로 사용할 일도 많지 않다. 그런데 외국인들은 정원을 가꿀 때 쓰는 손삽보다 호미가 더 실용적이라는 사실을 우연히 알게 되었다. 호미는 목 부분이 ㄱ자로 꺾여 있어서 서양 손삽보다 힘을 덜 들이고 훨씬 편하게 땅을 팔 수 있었다. 그렇게 호미는 서양의 혁명적인 원예 도구로 자리 잡았다. 호미의 존재가 그들에게는 위대한 발견이었던 것이다. 우리는 호미를 단 한 번이라도 위대한 도구로 바라본 적이 있었던가.

넷플릭스에서 방영한 조선시대 배경의 좀비 드라마 〈킹덤〉 역시 해외에서 큰 이슈가 되었다. 내용도 내용이지만 그보다 세계인의 마음을 사로잡은 핫한 모자가 있었으니, 바로 우리나라 사람들에겐 너무도 익숙한 '갓'이다. 외국인들이 "드라마 속 사람들이 모두 멋진 모자를 쓰고 있다"와 같은 리뷰를 올리면서 한국의 전통 모자는 유례없는 뜨거운 관심을 받게 되었다. 이런 분위기 덕분에 갓 역시 아마존닷컴에서 히트 상품으로 자리했다.

사극에서 늘 볼 수 있어 아무런 감흥도 없던 갓에 외국인들은 "오 마이 갓!" 하며 연일 감탄사를 쏟아낸다. 우리에게는 그저 전통 소품에 불과한 갓에 외국인들은 멋진 디자인이라고 찬사를 보내며 실제로 구매까지 하고 있다니 놀라운 일이다. 우리나라 사람 중에 갓을 사는 사람이 과연 몇 명이나 될지 문득 궁

크리에이티브는 단련된다

금해진다.

독특한 패션 아이템으로 자리 잡은 몸뻬, 발을 후끈하게 만들어주는 재래시장 최고의 인기 상품 요술버선, 이태리타월이라고 불리는 때수건, 엄마와 아이를 따뜻하게 하나로 묶어주는 포대기, 냄새를 완벽하게 잡아주는 스테인리스 반찬통, 음식의 온기를 오래오래 전해주는 돌솥, 구수한 감칠맛으로 외국인들의 입맛을 사로잡은 쌈장, 시골 할머니 댁 필수 아이템인 촌스러운 무늬의 극세사 호랑이 담요까지. 우리에겐 지나치게 흔해서 귀하게 대접받지 못하는 물건들을 외국인들은 독창적인 디자인과 실용성을 높이 평가해 사들이고 있다.

이뿐만이 아니다. 외국인들은 한글까지도 달리 본다. '옷'이라는 글자는 사람으로, '훗'이라는 글자는 모자 쓴 사람으로 보인단다. '꽃'은 왼쪽을 보는 사람, '우유'는 춤추는 두 사람, '욥'은 욕조에 들어간 사람처럼 보인다고 하니 우리에게는 글자지만 그들에게는 그림처럼 보일 수도 있다는 사실이 재미있다.

이 책을 읽고 있는 당신도 흔하다는 이유만으로 멋진 풍경과 멋진 물건, 멋진 아이디어를 놓치며 살고 있진 않은가? 놀라움은 꽁꽁 숨어 있는 것이 아니라 우리 주변에 떡하니 널려 있다.

결국 바라보는 태도가 전부다. 이 단순한 사실을 일깨워준 외국인 렌즈를 나의 눈에 장착해보자. '스위스'가 산과 산 사이에 창을 들고 있는 사람의 모습처럼 보일지도 모른다. 익숙함이 새로움으로 탈바꿈하는 순간이다.

어쩌면 흔하다는 이유로
주변의 멋진 풍경, 멋진 아이디어를
전지적 무관심 시점으로 바라봐온 것은 아닐까.
결국 바라보는 태도와 관점이 전부다.

관점을 바꾸면
발상이 달라진다

    최근 종영한 JTBC의 오디션 프로그램 〈슈퍼밴드〉를 즐겨 봤다. 유독 눈길을 끄는 한 참가자가 있었는데, 보컬을 맡은 '안성진'이라는 출연자였다. 현직 고등학교 과학 교사라는 이력이 독특해서 그 자체만으로도 기대감을 주었다.

    안성진 팀은 본선 1라운드에서 〈대리암〉이라는 자작곡을 선보였다. 귀에 쏙쏙 박히는 멜로디에 본인의 전공을 한껏 살린 가사 내용이 흥미로웠다. 사랑하는 사람을 만나 마음이 녹아내리는 상태를 염산과 반응하며 녹아내리는 대리암에 빗대어 만든 러브송이었다. 과학 선생님답게 대리석은 대리암의 잘못된 표현이라는 사실도 알려주었다. 특히 화학 공식을 그대로 가사에 넣어 노래를 더욱 독창적으로 만들었다.

    크리에이티브는 단련된다

나는 대리암 염산과 반응하면

이산화탄소를 내며 녹는 대리암×2

그간 많은 스트레스 견뎌내며 비로소 대리암이 되었다네

모든 게 완벽했던 그 어느 날 난 너를 만나게 된 거야×2

(후렴)

나를 보고 웃기라도 하는 날엔

하루 종일 아무것도 할 수 없네

그 눈으로 날 똑바로 바라보면 나는 녹아버릴 거야

(후렴)×2

이것이 염산 반응이다

나는 대리암 염산과 반응하면

이산화탄소를 내며 녹는 대리암×2

HCl이다 $CaCO_3$다

나는 대리암 염산과 반응하면

이산화탄소를 내며 녹는 대리암

$2HCl\ CaCO_3 \rightarrow CaCl_2\ CO_2\ H_2O$다

(후렴)

나는 대리암 나는 대리암

우리의 생각은 생각보다 단순해서 매일 만나는 상황과 현상을 별생각 없이 흘려보낸다. 그러다 어떤 요소 하나가 생각지 못한 방향에서 훅 하고 끼어들면 우리 뇌는 그 낯섦을 새로움으로 인식한다. 〈대리암〉은 문과 감성의 전유물일 것 같은 사랑을 이과 관점에서 표현함으로써 신선함을 안겨주었다. 다시 말해 어떤 관점으로 볼 것인지가 새로움의 방향 지시등이 될 수 있다는 것이다.

페이스북에는 각 대학마다 익명으로 소통하는 대나무숲 페이지가 있다. 한번은 여러 대학교 대나무숲에서 공유되고 있는 글을 하나 발견했다. 백사장에서 고운 모래를 한 줌 움켜쥐었다가 손가락 사이로 스르르 빠져나가는 모래를 보고 문과 출신과 이과 출신이 얼마나 다른 생각을 하는지 위트 있게 비교한 글이었다. 누가 어떤 관점에서 해석하느냐에 따라 전혀 다른 의미가 됨을 보여주는 좋은 사례였다.

먼저 문과 출신은 사랑하던 두 사람이 이별하는 과정에서 생기는 감정에 비유한다.

한 남자가 백사장에서 따스하고 하얀 모래를 두 손 가득

움켜잡았다. '이것이 사랑.'

손을 들어 올리자 모래가 손가락 사이로 흘러내리고 말
았다. '이것이 이별.'

흘러내리는 모래를 막아보려 했지만 그래도 모래는 멈추
지 않았다. '이것이 미련.'

다행히 두 손안에는 흘러내리지 않고 남아 있는 모래가
있었다. '이것이 그리움.'

남자는 집에 가기 위해 모래를 탁탁 털어버렸다. 손바닥
에 남아 있던 모래가 금빛으로 빛났다. '이것이 추억.'

애틋한 감성에 젖은 문과생과는 다르게 이과생은 과학책에
나 나올 법한 내용으로 해석했다.

한 남자가 백사장에서 따스하고 하얀 모래를 두 손 가득
움켜잡았다. '이것이 수력 마찰에 의해 잘게 쪼개진 돌 부
스러기.'

손을 들어 올리자 모래가 손가락 사이로 흘러내리고 말
았다. '이것이 중력.'

흘러내리는 모래를 막아보려 했지만 그래도 모래는 멈추

지 않았다. '중력가속도가 작용하고 있어.'

다행히 두 손안에는 흘러내리지 않고 남아 있는 모래가

있었다. '이것이 관성의 법칙.'

남자는 집에 가기 위해 모래를 탁탁 털어버렸다. 손바닥

에 남아 있던 모래가 금빛으로 빛났다. '염분에 의한 점성

으로 손에 달라붙었구나.'

    백미는 월급쟁이 입장에서 해석한 글이었다. 공감이 팍팍 되

는 현실을 잘 담아냈다.

한 남자가 백사장에서 따스하고 하얀 모래를 두 손 가득

움켜잡았다. '이것이 월급.'

손을 들어 올리자 모래가 손가락 사이로 흘러내리고 말

았다. '이것이 원천징수.'

흘러내리는 모래를 막아보려 했지만 그래도 모래는 멈추

지 않았다. '이것이 2차 공제.'

다행히 두 손안에는 흘러내리지 않고 남아 있는 모래가

있었다. '이것이 실수령액.'

남자는 집에 가기 위해 모래를 탁탁 털어버렸다. 손바닥에

이렇게 같은 상황이라도 어떤 관점에서 보느냐에 따라 메타포가 달라진다.

나는 광고 일을 하다 보니 주로 광고업계 사람들을 만나게 된다. 그 사람들과는 광고와 관련된 이야기를 할 확률이 높다. 그러다 보면 나도 모르는 새 광고라는 틀 안에 생각이 갇힌다. 그래서 평소에는 직접 만날 일이 없는 다른 업계의 사람들도 일부러 만나보려고 하는 편이다. '다르다'는 것은 나에게 없는 부분을 배울 수 있다는 사실을 뜻한다. 나와 다른 사람은 무조건 환영부터 하고 본다.

다행히 나에게는 다른 분야에서 일하는 친구들이 꽤 있다. 재미있게도 그들의 상황 역시 나와 별반 다르지 않다. 의사 친구는 의사나 환자만 만나고, 판사 친구는 법조인이나 사건과 관련된 사람만 자주 만난다는 거였다.

한번은 이 의사 친구와 판사 친구를 한자리에서 만났다. 이 과생, 문과생, 예체능생(?)이 한데 모인 셈이다. 맥주 한잔 기울이면서 이야기를 나누는데 일하는 분야가 다르다 보니 각자 쓰는 말도 서로 생소했다. OT, PT, 아이디에이션, 씨즐 같은 광고 용어 일색이었던 대화에 원척(피고와 원고를 아우르는 말), 항고抗告(법원의 결정과 명령에 불복해 상소하는 것), 답변서와 같은 법학 용어와 OR^Operating Room (수술실), IV^intravenous (정맥 속을 가리키는 말), 카테터^catheter (고무 또는 금속제의 가는 관 모양 기구) 등의 의학 용어가 섞여들었다. 자연스레 내 머릿속을 차지하고 있던 광고 중심의 생각이 조금씩 밀려났다. 그리고 그 빈자리에 재판정과 수술실이 자리를 잡았다. '낯선 대상'이 등장한 것만으로도 나에게는 큰 자극이 된 것이다.

나와 다른 일을 하는 사람을 만나고 그들의 이야기를 듣다 보면 평소보다 머리가 더 바쁘게 움직인다. 도무지 쓸 일이 없었던 생각의 근육을 사용해야 하기 때문이다. 이렇게 뇌가 활성화되면서 잠자고 있던 부분이 깨어나면 엉뚱하고 재미난 생각도 하게 된다.

그래도 뻔한 아이디어로만 머리가 채워질 때면 서점에 가서 나랑 전혀 상관없는 분야의 책이나 잡지를 찾아 읽어본다. 〈월간 낚시〉, 〈월간 바둑〉 같은 잡지를 훑어보며 내가 즐기지 않는 취미에 대어를 낚을, 판도를 뒤집을 묘수가 될 영감이 숨어 있지 않을까 기대하기도 하고, 수학이나 과학 책에서 발견한 사실을 카피에 녹여보기도 한다. 도무지 가닥이 잡히지 않던 광고의 콘셉트를 동화책에서 찾아낸 적도 있다. 끌리지 않는 책을 펼쳐 보는 행위는 지금까지 놓치고 살았던 다른 세상을 엿보는 가장 쉬운 방법이다.

책도 좋고, 사람도 좋다. 나 혼자만의 힘으로 관점을 바꾸기가 어렵다면 다른 사람의 눈이라도 훔쳐보자. 그렇게 또 다른 내가 되다 보면 생각지 못한 발상도 만날 수 있을 것이다.

끌리지 않는 책을 펼쳐보는 일은
지금까지 놓치고 살았던 다른 세상을 엿보는
가장 쉬운 방법이다.

제 몫을 하는
제목을 찾아라

나는 교보문고 근처에 살고 있다. 광화문에 사는 큰 이유 중 하나가 바로 이 서점이다.

일단 대형 서점을 한 바퀴 돌고 나면 딱히 책을 읽은 것도 아닌데 똑똑해지는 기분이다. 책을 읽는 것도 좋아하지만 책의 꼴을 살펴보는 것도 좋아한다. 책을 감싸고 있는 커버 디자인이나 제목을 스캔하듯이 눈에 담는다. 실제로 이렇게만 해도 얻는 게 많다. 책의 제목은 작가의 핵심 아이디어를 함축적으로 드러낸 한마디라 책들이 쫙 진열된 매대와 서가를 쓱 훑으면 작가들의 다양한 생각을 집약해서 볼 수 있다. 책 속에는 더 많은 아이디어가 담겨 있을 테지만 책 겉에 가장 큰 아이디어를 내놓고 있다.

또 한자리씩 순위를 차지하고 있는 베스트셀러들을 보면 지금 사람들이 어떤 이슈에 관심을 갖고 어떤 유의 책에 반응을 보이는지 확인할 수 있다. 다르게 말하자면, 사람들이 필요로 하는 메시지가 무엇인지, 공감을 사는 포인트가 어디인지 바로 바로 '캐치'할 수 있는 최적의 장소가 서점인 것이다.

나는 이 공간을 산책하듯 이리저리 걸어 다닌다. 서점은 나에게 정서적인 안정감을 준다. 책을 이루는 종이가 자연에서 온 나무로 만들어져서인지 심적으로 편안한 에너지를 듬뿍 뿜어 낸다. 가끔은 꼭 도심 속 산책로 같다는 생각을 한다.

내 걸음은 먼저 나와는 전혀 상관이 없을 법한 분야의 책들이 있는 곳으로 향한다. 예를 들면 생물학 분야에는 큰 관심이 없지만 과학 코너에서 《고마운 미생물, 얄미운 미생물》같은 책 제목을 보면 대번에 궁금증이 일어 혹한다. 아니면 《기생충 제국》처럼 생소한 조합에 확 꽂힌다. 그 낯섦이 좋다.

눈에 걸리는 제목이 있으면 일단 스마트폰에 담는다. 그러다 실제로 구매하는 책도 있다. 제목의 문구 하나가 구매에 영향을 미친 것이다. 제목이 너무 마음에 드는 책을 발견하면 자연스럽게 그 작가의 다른 책도 찾아본다. 단 한 권만 봐도 그 작가의 필력을 짐작할 수 있기 때문에 기대감을 가지고 저서 목록을 살펴본다.

광고로 따지자면 책 표지 디자인은 광고를 이루는 이미지이고, 책 제목은 사람의 마음을 끌어당기는 한 줄의 카피라고 볼 수 있다. 책 제목이 카피의 기능을 하고 있으니 작가나 출판사가 제목을 대충 지을 리 없다. 광고 카피를 고민할 때처럼 수없는 아이디에이션과 회의 끝에 이 책이 세상에 태어났으리라고 확신한다.

좋은 광고 카피는 단순히 제품을 홍보하는 데 그치지 않고 생각해볼 만한 화두를 던진다. 책 제목도 마찬가지다. 제목 한 줄만으로 생각거리를 던져주고 사람들의 공감을 얻을 수 있다면 충분히 잘 지은 것이다.

이를테면 《죽고 싶지만 떡볶이는 먹고 싶어》라는 책은 내용에는 크게 공감을 못했지만, 개인적으로 워낙 먹는 걸 좋아하고 삶에 대한 의지가 강한 터라 제목만큼은 참 잘 지었다고 생각했다. 양가적 감정을 자주 느끼는 현대인들의 상태를 대변하기도 하고, 실제로 우울증이 늘어가는 시대 상황을 잘 파고들었다.

이 책 이후 '○○○하지만 ○○○하고 싶어'라는 문장구조를 가진 광고 카피나 책 제목이 무수히 패러디되어 세상에 나왔다. '뱅크샐러드'라는 일종의 가계부 앱 광고는 "돈 관리는 모르겠고, 돈은 모으고 싶어"라는 카피로 소비자의 공감을 샀다.

최근 교보문고에서 발표한 2019년 상반기 베스트셀러 200위의 목록을 살펴봤더니 내가 단순히 제목에 끌려 메모해둔 책이 25권이나 있었다. 책 내용은 모르는 상태로 그저 제목이 주는 매력 때문에 집어 들었을 뿐인데 실제로 많은 사람이 사서 읽었다는 사실이 놀라웠다. 당연히 책 내용도 좋았겠지만 독자들이 구매를 결정하는 데는 제목이 큰 몫을 했으리라 짐작한다. 내가 메모한 책 제목들은 이렇다.

3위 《나는 나로 살기로 했다》

10위 《하마터면 열심히 살 뻔했다》

17위 《90년생이 온다》

26위 《오늘은 이만 좀 쉴게요》

27위 《죽고 싶지만 떡볶이는 먹고 싶어》

29위 《82년생 김지영》

33위 《나도 아직 나를 모른다》

38위 《아몬드》

43위 《모든 순간이 너였다》

45위 《우린 너무 몰랐다》

47위 《나는 습관을 조금 바꾸기로 했다》

이 제목들의 공통점은 일단 쉬운 말로 이루어져 있다는 것이
다. 어려운 단어를 쓰지도 않았고 동사 형태로 끝나는 간단한
문장이 다수다. 사람들이 생활 속에서 쓰는 말이지만 어딘지 모
르게 시선을 사로잡고 마음을 안아주는 힘이 있다. 무엇보다 짧

은 문장 속에 나름의 시사점이 있다.

애초에 이런 반응을 계산해 책 제목을 지을 것이다. 노림수가 있는 광고 카피와 의도나 기대치가 같다. 그래서 내게는 서점에 층층이 깔려 있는 책들이 매일매일 온에어되는 수많은 광고처럼 보인다. 무수한 경쟁작 틈바구니에서 이미지 하나로 눈길을 끌고 제목 하나로 어필하는 모양새가 꼭 같다.

일단 책을 집어 들게 하는 결정타는 강렬한 제목 한 줄이다. 광고를 보고 브랜드나 제품에 호감을 느끼게 하는 요소 역시 힘 있는 카피 한 줄이다. 현재 내 상황이나 상태에 와닿는 말이 들어 있거나 마음을 솔깃하게 하는 어휘가 보이면 눈이 가고 손이 가는 법이다.

밀레니얼 세대 타깃의 광고를 제작해달라는 광고주의 요청이나 신입 사원과의 소통 문제로 진지하게 고민하던 나에게 《90년생이 온다》라는 문구는 충분히 흥미로웠다. 밀레니얼 세대를 타깃으로 하는 광고주가 워낙 많아서 이제 글로 배운 밀레니얼 세대의 특성은 줄줄 외울 정도다. 또 회사 생활을 오래 해왔기 때문에 '직장이 없는 시대' 같은 표현도 호기심을 자극했다.

책 제목은 이렇게 다양한 세대의 생각을 반영하기도 하고,

크리에이티브는 단련된다

한편으로는 시대상을 반영하기도 한다. 예를 들어《여자 둘이 살고 있습니다》는 비혼 시대를 살아가는 사람들에게 새로운 라이프 스타일을 제시해주지 않을까 기대하며 책을 펼쳤다.

　책 제목은 크리에이티브를 다루는 사람에게 여러 가지 영감을 제공해주는 알짜배기 소스라고 감히 말하고 싶다. 아이디어가 떠오르지 않는다면 책상 앞을 떠나 책들이 가득한 서점으로 산책을 나가보자. 아이디어 득템은 시간문제다.

책은
가장 겉에
가장 큰 아이디어를
보란 듯이 드러내고 있다.

산책을 하다가
독약을 발견했다

주말을 무척 단조롭게 보내는 편이다. 다이내믹하게 돌아가는 회사 덕분에 정신없이 평일이 지나다 보니 주말은 별다른 이벤트 없이 조용하게 보내는 것이 좋다. 일부러 멀리 놀러 나가거나 하지도 않는다. 카메라 하나 달랑 메고 동네 산책을 다니는 것이 유일한 그리고 가장 사랑하는 취미다. 산책을 하다 눈에 걸리는 풍경은 카메라에 꾹꾹 담는다.

하루는 산책 중에 우연히 '독약'을 발견했다.

독서실 간판의 '독' 자와 약국을 알리는 '약' 간판이 위아래로 자리 잡으면서 엉뚱한 단어를 만들어냈다. 혼자 피식 웃으며 카메라에 독약을 담았다.

일상에 숨어 있는 독약, 조심하라!

저녁 산책을 나간 광화문 앞에서는 호두과자와 땅콩과자를 파는 가판대를 발견했다. 메뉴판의 글자 배열이 눈에 들어왔다. '호두과 땅콩자.' 물론 이렇게 읽는 사람은 많지 않겠지만 적어도 내 눈엔 재미있게 보였다.

이렇게 생각지 못한 발견은 산책 내내 이어진다.

'소화, 다 됐~어요!'

남대문 수입 상가 계단에서 여섯 개의 소화기를 보고 넉넉한 화재 대비에 감탄하며 이런 한마디가 떠올랐다.

돈암동 재래시장을 돌다가는 생선 가게에 매달려 있는 조기들을 보고선 나도 모르게 내뱉었다.

"요기 조기 다 있네."

우연한 산책 중에 유연한 생각이 일어난다. 계절마다, 거리마다 볼거리와 느낄거리가 가득하다. 적당히 따뜻한 햇볕, 파란 하늘, 선선한 바람이 어우러진 봄날이 산책하기엔 최고다. 걸음을 옮길 때마다 얼굴 위로 간지럽게 스치는 바람 맛이 꿀이다.

봄의 냄새는 싱그럽다. 러쉬의 청초한 비누 향 같다. 봄밤은 냄새까지 깨끗하다. 눈으로 느낀 푸릇함이 후각으로 기분 좋게 연결되니 봄은 분명 매력적인 계절이다. 벚꽃은 화려한 옷을 입

위 호두과 땅콩자는 마치 식물학 분류처럼 느껴진다.
아래 요기 조기 다 있는 생선 가게.

기 무섭게 벗느라 바쁘다. 내던져진 꽃잎의 모양새까지도 한 폭의 그림 같다. 봄비는 꽃봉오리들의 기지개를 불러내고 사람들의 우산도 불러낸다. 멀리서 보면 날 선 직선으로 내리꽂히지만 가까이에서 보면 한없이 맑고 투명한 방울방울이다.

여름에는 걸을 때마다 이마에 몽글몽글 땀이 맺히는데, 이 물기가 싫지 않다. 어딜 가도 매미 소리가 우렁차서 그 울음 때문에 햇볕이 더 따갑게 느껴진다. 하염없이 골목을 헤매다 갑자기 소나기가 쏟아져 비를 피해 전력 질주를 하기도 한다. 빛바랜 간판이 정겨운 슈퍼마켓 처마 아래로 몸을 숨겼다가 이 가게 저 가게 처마 밑을 건너 건너 옮겨 다닌다. 그러다 보면 비도 그치고 더위도 가라앉는다. 곧 젖은 밤이 찾아온다. 빗물이 고여 생긴 물구덩이에 비친 네온사인 가득한 풍경은 〈블레이드 러너〉의 미래 도시처럼 보인다.

가을에는 낙엽 밟는 재미에 나다닌다. 하늘 한 번, 낙엽 쌓인 길 한 번 연신 고개를 까닥거린다. 바스락바스락. 낙엽 밟는 소리가 좋아서 같은 길을 왔다 갔다 한다. 낙엽은 색도 모양도 제 맘대로라 같이 어우러져 있으면 마티스 작품을 이래저래 섞어 놓은 것 같다. 은행나무가 떨어뜨린 은행들은 사람들의 발 아래에서 짓이겨져 고약한 냄새를 뿜어낸다. 걸음걸음에 짓눌린 은

행들이 오래된 껌딱지처럼 덕지덕지 바닥에 붙어 있다. 겨울에게 자리를 양보하려고 모든 것을 내려놓은 듯 보여 측은하기까지 하다.

뽀드득뽀드득. 눈을 밟을 때 나는 소리는 검정 비닐을 구길 때 나는 소리를 꼭 닮았다. 마른행주로 접시를 닦을 때 나는 소리 같기도 하다. 밤새 내린 눈이 소복이 쌓인 새하얀 세상을 만난 날에는 그 뒤에 찾아올 지저분한 거리 풍경도 용서가 된다. 하얀 점들이 밤을 뒤덮고, 그 점들은 거리의 불빛과 섞여 황홀한 밤하늘을 만들어낸다.

계절에 따라 나무의 색감도, 하늘의 색감도 바뀐다. 사람들의 표정만 봐도 계절이 느껴지고 날씨가 읽힌다. 계절마다 들려오는 소리도 다르고 냄새 또한 미묘하게 달라진다. 온몸으로 변하는 계절을 만끽하며 걷는다.

매일 지나가는 길인데 놓치고 있던 풍경이 갑자기 눈에 들어오는 날도 있다. 아침 일찍 나왔을 때는 전혀 눈치채지 못했던 집 앞의 가로등이 밤 산책 때는 보란 듯이 강력한 존재감을 드러내기도 한다.

산책은 친근한 풍경을 낯선 풍경으로 바꿔주는 마력이 있다. 들여다보려고만 한다면 동네방네 널려 있는 게 미술 작품이고

크리에이티브는 단련된다

들으려고만 한다면 계절마다 차고 넘치는 게 음악이다.

크리에이티브의 힘을 키우는 기본 중의 기본은 관찰이다. 산책만 잘해도 새삼스럽고 놀라운 발견을 할 수 있다. 새로운 생각은 산책 중에 많이 태어난다. 아이디어가 잘 떠오르지 않는 날에는 무작정 밖으로 산책을 떠나보자.

"소화, 다 됐~어요!"
새삼스럽고 놀라운 발견.
새로운 생각은 산책 중에 태어난다.

인스타그램에선
인싸들이 뭐라 그램?

　인스타그램 피드를 보다 보면 이 세계의 사람들은 전부 화려하고 트렌디한 일상을 보내고 있는 것처럼 보인다. 대부분 관심을 끌 만한, 눈이 휘둥그레질 법한 장면만 편집해서 올리기 때문이다. 과장되게 편집하는 사람들이 너무 많다는 점은 인스타그램의 폐해로 자주 지적되는 부분이기도 하다.

　그런데 반대로 생각해보면, 요즘 사람들이 무엇에 열광하는지 알기에는 오히려 '화려하게 편집된 현실'을 모아놓은 인스타그램만 한 게 없다. 인스타그래머들은 모두가 훌륭한 트렌드 큐레이터라는 생각이 들 정도다.

　직업이 크리에이티브 디렉터이니 최신 트렌드를 알긴 해야겠는데 현실은 트렌디하게 여기저기 둘러보러 다닐 시간이 없

다. 그러다 보니 앉은자리에서 스마트폰만 들여다봐도 트렌디
해질 수 있게 도와주는 전 세계 인싸들이 참 고맙다. 물론 누군
가를 진실되게 알고 싶다면 인스타그램은 적절한 수단이 아닐
수도 있다. 그러니 소개팅 상대가 어떤 사람인지 알기 위해 인
스타를 들어가보는 건 추천하지 않는다. 하지만 요즘 핫한 게
뭔지 알고 싶다면 인스타그램은 강추다.

　나에게 인스타그램은 다양한 관점의 생각과 발상을 채굴하
는 아이디어 광산이라 할 수 있다.

　'하트'를 많이 받는 '인싸' 팔로워는 어떤 매력으로 팬덤을 형
성하는지 궁금해 피드들을 더 유심히 보게 된다. 광고 분야에서
일을 하든 마케팅 분야에서 일을 하든 대중의 하트를 더 많이
받기 위해 노력한다는 점에서는 같기 때문이다. 많이 달리는 해
시태그는 무엇인지, 왜 많이 달리는지도 꼬리에 꼬리를 물고 찾
아 들어가본다. 그러다 보면 이슈가 되는 키워드도 자연스레 보
인다. 하나둘 타고 들어가는 과정에서 최신 트렌드와 대중의 관
심사를 꽤 구체적으로 읽을 수 있다.

　트렌드를 파악하기 위해서뿐 아니라 아이디어 소스들을 스
크랩할 목적으로 피드를 둘러볼 때도 있다. 인스타그램에는 꾸

준하게 자신만의 콘텐츠를 올리는 사람이 많다. 줄기차게 맛깔스러운 먹방 사진을 올리는 사람, 촌철살인의 필력으로 사색의 깊이를 드러내는 사람, 이 세상 그림 솜씨가 아닌 그림 실력의 소유자까지 각양각색의 능력자들을 만날 수 있다. 이미지가 독특하거나 곁들인 글이 '느낌' 있으면 주저 없이 '팔로우' 버튼을 누른다. 그리고 콘텐츠를 올리는 그들의 꾸준함과 부지런함에 또 한 번 놀란다.

물론 나 역시 종종 직접 찍은 사진과 함께 짧은 글을 써서 인스타그램에 올리고 있다. 회사에서 힘들었던 일상을 적기도 하고 흑백의 풍경 사진도 올린다. 라이카Leica 카메라 하나 메고 여기저기 돌아다니면서 사진을 찍다 보면 '인스타그램에 이렇게 올려야겠다'는 생각이 바로 떠오를 때도 있다. 나름 광고 발상 훈련 차원에서 인스타그램을 활용하는 셈이다. 내가 찍은 사진과 글에 사람들이 어떤 반응을 보일지 궁금하기도 하고, 소소하게 받는 몇십 개의 하트는 기분 전환에 도움도 된다.

자신의 생각과 재능을 오픈된 공간에 드러내는 일을 즐기는 사람들이 많은 시대다. 이들에게 플랫폼을 제공하는 인스타그램 덕분에 속세에 알려지지 않은 숨은 생각 고수들을 편하게 만나고 있다. 물론 멋지게 보이고 싶은 모습만 올리는 사람도 많다. 하지만 그 부분마저도 사람들의 내재된 욕망으로 이해하면 납득도 되고 생각을 모으는 데도 도움이 된다.

지금 이 순간에도 수백만 명의 트렌드 큐레이터가 인스타그램에 실시간으로 흔적을 남기고 있다. '라이브'하게 생각이 공유되고 욕망이 표출되는 이 공간을 오늘도 애용 중이다.

인스타그램은
생각과 발상을 채굴하는
아이디어 광산,
수백 만 명의
트렌드 큐레이터 집합소다.

나는 귀로도
세상을 본다

들으려고 듣는 게 아닌데도 이상하게 귀에 쏙쏙 박히는 이야기들이 있다.

삼청동에서 광고 촬영을 하다 점심을 먹으러 갔을 때의 일이다. 점심시간이 꽤 지난 뒤라 식당은 한적했다. 옆 테이블에서는 두 명의 여자 손님이 한창 이야기를 나누고 있었다.

MBC 예능 프로그램 〈나 혼자 산다〉에 출연한 동방신기의 '유노윤호' 이야기였다. 듣자 하니 유노윤호는 아침에 눈을 뜨자마자 열정적인 댄스로 하루를 시작한다고 했다. "모닝 댄스로 열정을 예열한다"는 표현에 피식 웃음이 새어 나왔다.

사실 2011년에 유노윤호를 모델로 면세점 브랜드 광고 촬영을 진행한 적이 있다. 최고의 인기를 누리는 아이돌이었음에도 친근한 성격으로 스태프들을 편하게 대해주어 인상에 오래 남아 있었다. 촬영에 최선을 다하는 것은 물론 같이 이야기를 나눠보았을 때 삶을 대하는 태도도 참 긍정적이었다. 그 프로그램을 본 두 여성도 비슷한 느낌을 받은 듯했다.

"유노윤호 좀 별난 것 같은데, 어쩐지 멋있어. 별명이 '열정만수르'잖아. 웃자고 하는 소린 줄 알았는데 진짜 열정 부자야."

"성격도 좋아보이던데? 친구도 많을 것 같아. 인싸의 기운이 느껴진달까."

"맞아, 맞아. 유노윤호 띵언(명언) 들어봤어? 인생에서 중요한 금 세 가지가 있는데, 예전에는 황금, 소금, 지금이었대. 근데 요즘은 현금, 입금, 지금이래."

소개팅 상대로 유노윤호가 나왔는데 홀라당 넘어간 사람처럼 디테일하고 솔직한 대화가 쏟아져 나왔다. 이야기를 듣는 사이 그가 연예인이라기보다는 보통의 좋은 사람으로 느껴졌다. 나이 어린 팀원들에게 유노윤호의 이미지와 평판에 대해 물으니 다들 비슷한 생각을 하고 있었다. 궁금한 마음에 〈나 혼자 산다〉에서 유노윤호 방송분을 찾아봤다. 예전에 만났던 모습 그대로, 티 없이 순수한 매력을 가지고 있는 멋진 사람이었다.

직업상 광고 모델로 연예인을 기용해야 하는 경우가 많아 자연히 연예 뉴스도 관심 있게 보는 편이다. 하지만 기사나 방송, 광고를 통해 보는 이미지에는 아무래도 한계가 있다. 가장 좋은 자료는 소비자 개개인의 평판이다. 그날 귀로 본 대화는 '살아 있는' 리뷰였다.

준비 중이던 맥스웰하우스 콜롬비아나의 신제품인 '마스터'의 모델로 유노윤호를 제안할 때도 그날의 대화를 살짝 인용했다. 신제품인 만큼 돌출도가 중요한 광고였는데, 유노윤호라는 이름을 들은 광고주의 안색이 대번에 밝아졌다.

"열정맨과 대용량 커피, 딱 맞아떨어지네요!"

좋은 모델을 제안해줘서 고맙다는 칭찬도 덤으로 들었다.

보통 광고 모델 후보를 찾을 때는 모델 에이전시에 연락한다. "새로운 커피 광고에 잘 어울릴 만한 연예인 좀 추천해주세요."라고 요청하는 식이다. 요청을 받은 에이전시에서는 모델의 사진과 함께 필모그래피, 키, 생년월일, 계약 단가가 쭉 적힌 리스트를 보내준다. 그렇게 가공된 정보만 나열된 리스트를 받아 들고 선택을 고민할 때, 그날 들은 대화가 영향을 미치지 않을 수 없다. 소비자의 생생한 목소리이기 때문이다.

실제로 유노윤호만의 에너제틱한 매력은 새로 출시되는 커

크리에이티브는 단련된다

커피에게 있어 가장 해로운 해충은 대충…

마스터

귀로 찾아낸 모델 유노윤호.
대용량 커피와 열정적인 이미지가 꼭 맞아떨어졌다.

맥스웰하우스
콜롬비아나 마스터

피 제품과 '찰떡'이었다. 촬영 현장에서 다시 만난 유노윤호는 여전했다. 성실한 자세로 좋은 컷이 나올 때까지 몇 번이고 촬영하며 최선을 다해 연기에 집중했다. 충분히 좋은 컷이 나왔으니 다음 컷으로 넘어가자고 하자, "한 번만 더 갈게요!"라고 외치는 모습은 8년 전 그대로였다. 게다가 긴 시간 촬영을 하면서도 애드리브를 멈추지 않는 '열정 만수르'의 면모를 유감없이 보여주었다. 만족스러운 광고가 나온 것은 두말할 필요도 없다.

식당에서 밥을 먹다 우연히 귀를 쫑긋해 듣게 된 가수의 이름을 머리 한구석에 담아두었다가 실제 광고 모델로까지 쓰게 된 것이다. 귀가 눈 못지않은 맹활약을 한 셈이다.

비단 모델뿐만이 아니다. 광고 카피도 사람들 말 속에 다 들어 있다.

한번은 술을 마시는데 옆 테이블에 목소리 큰 20대 남자 여섯 명이 앉았다. 그중 한 명이 최근에 한 소개팅이 잘돼가고 있다며 상대 여성에 대해 자랑하듯이 말하자 나머지 친구들이 크게 반발했다.

"아주 소설을 써요. 진짜 소설 쓰고 있네!"

그 멘트를 듣자마자 '교보문고'나 '밀리의 서재' 같은 책 관련

크리에이티브는 단련된다

브랜드의 광고 카피로 잘 어울리겠다는 생각이 들어 비밀 노트에 바로 적어놓았다. 일상에서 들려오는 말들에는 이렇게 책이나 뉴스 같은 데서 얻기 힘든 '날것'의 매력이 있다.

고수는 남의 말을 귀담아듣고, 하수는 남의 말을 건성으로 듣는다고 한다. 나는 이 말을 이렇게 재해석하고 싶다. 눈앞에 있는 상대방의 말에 귀를 기울이는 것은 당연하고, 양옆과 뒤, 좌우 사방에서 들리는 목소리에도 귀를 기울여야 진짜 고수라고. 친구와 통화 중인 여고생의 수다에 10대를 꿰뚫어볼 수 있는 인사이트가 녹아 있고, 과일 가게 아저씨와 수박을 사는 아줌마의 대화에서 인정이 묻어나는 생생한 스크립트를 건져올릴 수도 있다.

지금 이 글을 쓰고 있는 카페에서는 두 명의 댄서와 한 명의 공연 기획자가 나누는 이야기가 들려온다. 리스본, 런던, 베를린, 아비뇽 등지에서 공연한 경험이 있는 남자 댄서는 은퇴를 앞두고 마지막 공연을 준비 중이라고 한다. 그는 리스본의 노란 전차 안에서 발을 튕기며 공연 연습을 하던 시절을 회상하고 있었다. 아주 잠깐 귀를 열어두었을 뿐인데 춤의 세계에 다녀온 기분이었다. 그가 말하는 몸짓들을 귀로 담으며 춤을 추는 무대 위 댄서들의 모습을 그려보았다. 그 위에 예전에 가본 적 있는 리스본, 런던, 베를린, 아비뇽의 거리를 덧입혔다. 청각에서 시작해 온몸의 감각이 발동한 것이다. 한 댄서의 이야기가 언제 어떤 형태로 광고에 담길지는 모를 일이다. 언젠가 새로운 광고 캠페인을 준비할 때 노란 전차 위에서 남녀 댄서가 격렬한 춤을 추는 모습을 담아볼 수도 있지 않을까.

그래서 나는 오늘도 귀를 쫑긋 세우고 귀로 세상을 본다.

크리에이티브는 단련된다

고수는 남의 말을 귀담아듣고
하수는 남의 말을 건성으로 듣는다.
귀가 눈 못지않은 활약을 한다는 걸 잊지 말 것.

3.
기록하는 손

생각을 써봐야
생각을 써먹을 수 있다

생각을 하는 것과 생각을 쓰는 것은 하늘과 땅 차이다. 어설 픈 연필 자국이 뚜렷한 기억을 이긴다. 생각을 풍부하게 만드는 것은 손을 움직여 기억을 잡아채는 손맛이다. 손맛이 생각의 상 차림을 바꿔놓는다. 나는 머리보다 손을 더 믿는다. 머리만 굴 리지 말고 펜을 굴려보자.

생각을 글로 써놓으면 언젠가 써먹을 확률이 높아진다. 불현 듯 떠오른 좋은 생각이 있다면 머릿속에 가두어두지 말고 꾹꾹 눌러 써내자. '그때 적어둘 걸'처럼 바보 같은 후회는 없다. 세상 을 바꿀지도 모를 생각 덩어리를 당장 글로 남겨두자. 흩어지기 전에. 휘발되기 전에.

어설픈 연필 자국이
뚜렷한 기억을 이긴다.

15초의 밀도를 만드는
세 줄의 일기

하겐다즈 아이스크림을 편애한다. 바닐라맛, 초코맛이 아닌 '최선을 다해 꾹꾹 눌러 담은 맛'이 좋다.

하겐다즈가 경쟁 업체와는 다른 특별한 재료로 아이스크림을 만드는 것도 아니다. 신선한 크림과 우유 같은 평범한 재료만 쓴다. 그런데도 하겐다즈 아이스크림이 유난히 맛있는 이유는 뭘까?

비밀은 밀도에 있다. 하겐다즈는 컵 안에 최소한의 공기만 남기고 밀도 있게 아이스크림을 담는 기술을 가지고 있다고 한다. 그 밀도 덕분에 하겐다즈 아이스크림은 쉽게 녹지 않고 한 스푼만으로도 맛이 강하게 전해진다.

크리에이티브도 결국 밀도다. 요즘 소비자들은 단 1초도 기다려주지 않는다. 엄지로 스마트폰 화면을 슥 밀어 올려 인스타그램의 다음 피드로 넘어가는 시간, 리모컨 버튼을 눌러 다른 채널로 넘어가는 시간 안에 눈길을 사로잡아야 한다.

2018년 미국 슈퍼볼 경기 앞뒤에 30초짜리 TV 광고를 내보내는 비용은 58억 8,000만 원이었다. 먼 나라 이야기인 데다 워낙 큰 금액이다 보니 이렇게 말해도 뭐가 대단하다는 건지 잘 와닿지 않을 것 같다. 그렇다면 우리나라 인기 예능 앞뒤에 붙는 30초짜리 광고 비용은 얼마일까.

한 번 방송되는 데 1,250만 원, 초당 환산하면 21만 원 정도다. 눈 한 번 깜빡일 때마다 통장에서 21만 원이 빠져나간다고 상상해보라. 그 광고를 온에어하기 위해 돈을 지불하는 사람들, 즉 광고주들은 그래서 이 짧은 시간 안에 최대한의 임팩트를 남기기를 바란다.

광고는 특히 돌출도와 임팩트가 중요하다고 생각한다. 이건 내 광고 철학이기도 하다. 힘없는 백마디 말보다 임팩트 있는 한마디 말이 소비자의 반응을 끌어낼 수 있다.

밀도 높고 임팩트 있는 카피를 쓰기 위해 나는 '세줄일기' 앱을 활용해 훈련했다. 말 그대로 하루 일기를 단 세 줄에 녹여내는 것이다. 처음 세줄일기를 쓰기 시작했을 때는 너무 할 말이 많았다. 오늘 하루 동안 뭘 했는지 하나도 빠짐없이 다 담고 싶었다. 그러다 보니 한 줄 한 줄을 굳이 길게 늘여서 그날의 사건을 나열하는 식의 일기가 되었다. 여기도 갔다가 저기도 갔다가 잠들었다, 뭐 이런 식의 구구절절함이었다. 공기를 많이 머금은 퍼석한 맛의 아이스크림 같은 일기였다.

그런데 꾸준히 쓰다 보니 글의 길이가 줄어들었다. 하루 중 가장 인상적이었던 단면만을 남기기 시작한 것이다. 신기하게도 그렇게 임팩트 있는 순간만을 담을수록 그날 하루가 더 또렷하고 특별하게 기억되었다. 별일 아닌 일이지만 그 순간 느낀 강렬한 감정의 단면을 크게 잘라낸 글과 그림이 그날의 일기가 되었다.

그러고 보니 세줄일기는 광고와 닮은 점이 참 많았다. 많은 정보 중 중요한 것을 추려내 짧게, 잘 보여주어야 한다는 점이 무엇보다 그랬다.

일반적으로 광고에서 사용하는 카피도 길이가 짧다. 그런데 광고주는 하고 싶은 말이 정말 많다. 물론 비싼 비용을 지불하다 보니 제품이 얼마나 좋은지 A부터 Z까지 다 말하고 싶은 심

#나쁜 세줄일기

달콤함에는 위험이 보이지 않는다. 예쁘고 맛깔나 보여서
그 뒤에 숨겨진 '단거'의 '댄저'를 제대로 파악할 수 없다.
물론, 그 위험을 알아채더라도 쉽게 그 맛을 포기할 수는 없다.

2018년 4월 11일, 한남동 바아Baaa에서.

#좋은 세줄일기

이른 아침부터 촬영 중.
숨이 턱턱 막힐 정도로 덥다.
시바, 너 덕분에 개시원하다.

2019년 8월 5일, 삼청동에서.

정은 이해가 간다. 그러나 많은 메시지를 담으려고 하다가는 하나의 메시지도 제대로 못 남길 확률이 높다. 우리는 광고주가 하고 싶어하는 말을 짧게, 임팩트 있게, 함축적으로 담아야 한다.

세줄일기를 쓰는 행위는 문장의 밀도를 높이는 데 분명 도움이 되었다. 세 줄이라는 제한된 설정은 생각의 길이를 압축하는 힘을 키워주었다. 제한된 분량 덕분에 오히려 내용에 긴장감이 더해졌다.

세줄일기를 쓰면 쓸수록 일본 고유의 단시, 하이쿠가 떠올랐다. 일본의 문인들은 아주 오랫동안 세 줄이라는 엄격한 형식 아래 최대한의 것을 표현하고자 노력해왔다.

고요함이여
바위에 스며드는
매미의 울음*

세 줄로 이루어진 짧은 글 안에 너무도 선명한 그림을 그려놓았다. 세 줄만 보고도 작가가 묘사한 상황이 눈앞에 펼쳐진

* 마쓰오 바쇼, 《바쇼 하이쿠 선집》, 류시화 옮김(열림원, 2015), 182쪽

듯 생생하지 않은가.

우리 팀에서 15초의 시간 동안 쓰는 평균 광고 제작비는 1억 3,500만 원, 나는 이것을 1.35라고 부른다. 1.35는 그 자체로 큰돈이기는 하지만 스케일이 있는 광고를 제작하기에는 한없이 부족한 예산이기도 하다. 물론 최근에는 1억 미만의 디지털 콘텐츠 제작 건도 많아졌다. 제작비가 제한적일수록 크리에이터의 역할은 더욱 커진다. 풍요로운 예산이 주어지면 블록버스터급 광고를 만들어낼 수 있겠지만 제한된 비용과 시간 아래서 더 빛나는 크리에이티브가 태어난다고 믿고 있다.

1.35면 모든 것을 담기에 충분하다. 주어진 시간이 짧다고, 주어진 예산이 적다고 막막해 하기보다 오히려 그걸 역이용해 밀도 있게 담아낼 방법을 찾아보자. 크리에이티브는 결국 밀도다.

15초의 시간, 1.35의 예산.
제한된 비용과 시간 아래
더 빛나는 크리에이티브가 태어난다.

인생은 속도가 아니라
방향제다

나에겐 질문 노트 말고도 또 하나의 특별한 노트가 있다. 아이디어가 떠올랐을 때 바로바로 메모해두는 비밀 노트다.

회사에서는 광고주의 요구 사항에 맞춰 아이디어를 짜기 시작하는 경우가 대부분이지만 비밀 노트를 채울 때는 정반대다. 재미있는 아이디어가 떠오르면 끄적거리다가 잘 맞는 브랜드를 연결하는 식이다. 광고주 영입부터 기획, 제작에 이르기까지 비밀 노트라는 나만의 광고대행사 안에서는 원하는 모든 게 이루어진다.

최근에는 방향제 광고로 쓸 만한 크리에이티브 시놉시스가 하나 떠올라 비밀 노트에 적어두었다. "인생은 속도가 아니라 방향이다"라는 문구에서 딱 한 글자만 바꿨더니 재미있는 포인

크리에이티브는 단련된다

트가 살았다.

"인생은 속도가 아니라 방향제야!"

이렇게 조언해주는 윗사람이 있다면 어떨까? 실제라면 다소 황당할 만한 일상의 에피소드와 방향제 광고를 연결해본 거다.

#

해 질 녘 회사 옥상.

심각한 분위기에서 이야기가 오간다.

"선배님 앞으로 저는 어떻게 살아가야 할지…."

선배가 후배에게 조언하듯이 말을 건넨다.

"이 대리, 인생은 속도가 아니라 방향…제야."

살짝 어이없어하는 후배에게 선배가 조언을 이어간다.

"넌 너의 인생에서 어떤 향기로 남고 싶니?"

능청스럽게 방향제를 쓱 들어 올리더니 공중에 촥 뿌리는 선배.

향에 만족한 듯 눈을 지그시 감는 후배의 모습 위로 떠오르는 방향제 제품과 로고.

이런 식으로 틈틈이 끄적인 아이디어의 흔적이 비밀 노트에

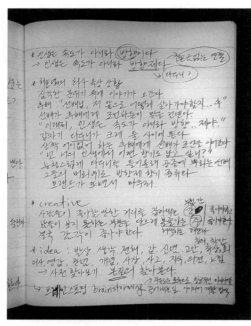

나만의 광고대행사인 비밀 노트.
갤럭시노트의 메모 기능을 활용하기도 한다.

고스란히 남아 있다.

#
드라마 〈하얀 거탑〉의 주제곡 〈B Rossette〉가 비장
하게 흘러나오는 가운데 남자 주인공이 장엄하게 두 손
을 서서히 위로 든다.
그리고 옆에 서 있는 아내와 눈빛을 교환하는 남편.
아내는 남편의 양손에 장엄하게 주방용 고무장갑을 수술
장갑인 양 착 끼운다.
설거지를 시작하는 남편. 그 모습 뒤로 떠오르는 고무장
갑 로고.

#
너는 나에게 목욕 가운을 줬어!
─바디샴푸 광고

영화 〈달콤한 인생〉의 대사였던 "너는 나에게 모욕감을 줬
어"를 패러디한 카피다.

#

긴 머리를 휘날리며 등장하는 훈남.

그가 머리를 한번 휙 넘기는 순간 반짝이는 오라aura가

그를 더 돋보이게 한다.

알고 보니 오라의 정체는 그의 머리에서 나온 하얀 비듬.

ㅡ비듬 샴푸 광고

#

옷 가게에서 이 옷 저 옷을 둘러보는 젊은 대학생. 그 뒤

로 주인이 졸졸 따라다니며 말을 건다.

"학생, 한번 입어봐. 딱 봐도 학생 옷이네. 내가 차비는 빼

줄게. 진짜 나 손해 보고 파는 거야."

4만 원이라고 쓰여 있는 가격표. 옷을 강매하듯 내미는

주인.

"차비 빼서 3만 8,000원에 줄게!"

당황하다가 이내 차분해진 표정의 학생.

"제가 부산에서 왔거든요. 기차비가 4만 8,800원. 옷값

이 4만 원이니까 음…. 사장님이 8,800원만 주시면 되겠

네요. 원래 왕복으로 다 받아야 하는데 제가 올라온 차비

는 빼드릴게요. 저 진짜 손해 많이 보고 사는 거예요."

당황하는 주인 위로 속을 뚫어줄 듯한 탄산음료의 기포

가 몽글몽글 촥 올라온다.

옷 가게를 나서며 시원하게 탄산음료를 마시는 학생.

브랜드 로고와 함께 끝나는 탄산음료 광고.

옷 가게 사장님들의 흔한 영업 멘트 "손해 보고 판다"는 말을 그대로 사장님에게 돌려주며 시원하게 한 방 먹이는 학생을 생각했다. '속이 시원하다'는 뜻으로 쓰이는 "사이다"라는 멘트를 탄산음료 광고에 접목할 수 있을까 생각해본 것이다.

지금은 쇼핑, 금융, 커피, 치즈, 가전 등의 광고주를 맡고 있지만 앞으로 어떤 새로운 품목과 광고주를 담당하게 될지 모를 일이다. 다른 사람들이 만든 광고를 보면서 장단점을 파악해보고 '나라면 이런 식으로 접근해서 만들어볼 텐데' 하며 신나게 아이디어를 펼쳐본다. 이렇게 계속하다 보면 뭐 하나라도 걸리겠지? 드넓은 바다에 통발을 치는 심정으로 비밀 노트를 채워나간다.

그러다 정말 통발에 대어가 걸린 적이 있다.

작년 연일 미세먼지가 뉴스에 오르내리며 관련 가전제품 주가도 최고조로 올랐을 때였다. 미세먼지 탓에 옷 세탁도 자주 해야 하고 세탁소에 바치는 세탁 비용도 만만치 않았다. 그러다 보니 자연스레 집에서 쉽게 옷을 관리할 수 있는 의류청정기에 관심이 갔다.

실제로 제품을 구매하려고 인터넷에서 정보도 검색해보고 후기도 꼼꼼히 체크했다. 백화점에 가서 직접 제품도 작동해보았다. 당연히 의류청정기 광고들도 찾아보았다. 그러다 또 직업병이 도져서 만일 의류청정기 광고를 만든다면 제품이 어떻게 작동하는지 보여줘야겠다는 생각을 했다. 상대적으로 낯선 가전제품이다 보니 소비자들이 기능에 공감해야 판매로 이어질 것 같았다. 그래서 비밀 노트에 메모를 남겼다.

#

의류청정기 안에서 바람이 먼지를 어떻게 없애주는지 속속들이 리얼하게 보여줘서 소비자들이 깨끗함을 느끼게 하자.

메모를 남긴 지 얼마 되지 않아 운명처럼 삼성전자를 담당하는 기획팀에서 연락이 왔다. 삼성전자에서 의류청정기를 새로 출시하는데 신규 광고 캠페인을 맡아달라는 것이었다. 이토록 타이밍이 절묘할 수가.

그렇게 우리 팀은 삼성전자의 신제품 '에어드레서' 광고를 준비했고 3개월 후 무사히 광고를 온에어했다. 운 좋게도 본질에 충실하게 접근했던 비밀 노트의 아이디어가 반영된 광고가 만들어졌다. 나는 우리 팀에서 광고한 제품을 구매해서 지금도 잘 사용하고 있다.

하루 동안 얼마만큼의 생각을 하면서 살아가는지 생각해본다. 머리를 폼으로 달고 다니는 건 아닌지 매일매일 냉정하게 스스로를 돌아보는 것이다. 온몸으로 생각해야 온전한 답을 얻을 수 있다고 믿는다.

세상에 나쁜 아이디어는 없다. 좋은 아이디어와 더 좋은 아이디어만 있을 뿐이다.

나는 퍽이 있는 곳이 아니라 퍽이 올 곳으로 움직인다.
(I skate to where the puck is going to be, not where it has been.)

─웨인 그레츠키(Wayne Gretzky, 캐나다 전 아이스하키 선수이자 NHL의 황제)

틈틈이 먼저 움직여 기회를 잡아내는 기록의 묘미.

좋은 음악일수록
손으로 잡아야 제맛

　카페에 앉아 있는데 스피커에서 흘러나오는 노래가 가슴에 훅 꽂혔다. 가수도 제목도 전혀 모르겠는데 너무 좋아서 나중에 다시 듣고 싶다. 하지만 안타깝게도 나는 베토벤이 아니다. 우연히 좋은 음악을 들었을 때 빈 악보를 꺼내 슥슥 기록할 수도 없고, 멜로디를 외워두었다가 피아노로 다시 쳐낼 수도 없다. 나 같은 비운의 음악러버들은 이럴 때 네이버에서 음악 지식인을 찾는다.

　　피아노 음악 중에… 딴딴~! 딴딴딴딴~ 따라라라라라라~~
　　딴딴딴~~딴 따라라라라라라라 딴! 딴딴~딴 딴 따라라라라라
　　라라딴! 딴딴딴~ 따라라라라라라~~ 이거 좀 찾아주세요 정

말 미치겠음… 좀 우울하지만 좋은 음악인데 제발 찾아
주세요

누구나 한번쯤은 이렇게 답답한 마음을 토로해봤을 것이다. 나도 몇 해 전까지는 이런 식으로 다른 사람에게 "그 음악 뭐지?"하고 물어봤었다. 음악 찾기 앱을 알게 되기 전까지는.

이제는 언제 어디서든 내 마음을 흔드는 노래가 나오면 잽싸게 샤잠shazam이라는 앱을 켜고 손을 스피커 쪽으로 들어 올린다. 그러면 샤잠이 음악의 제목을 알려준다. 보통은 카페에서 좋은 노래를 낚게 되는데, 운전 중에 라디오에서 포획한 노래들도 의외로 많다. 한번은 동네를 산책하다가 철물점에서 흘러나오는 음악이 좋아 다가가서 잡은 적도 있다.

재미있게도 샤잠 앱은 내가 '샤잠'한 노래를 남들은 몇 번이나 샤잠했는지 그 횟수를 보여준다. 최근 샤잠한 수프얀 스티븐스 Sufjan Stevens의 〈Visions Of Gideon〉은 샤잠 횟수가 25만 회나 된다. 샤잠 횟수가 높을수록 '그래 이렇게 좋으니까 전 세계 사람들이 이 노래 뭐지? 하면서 갖다 댔겠지' 하는 생각이 들어 그날의 포획이 더 뿌듯해진다.

크리에이티브는 단련된다

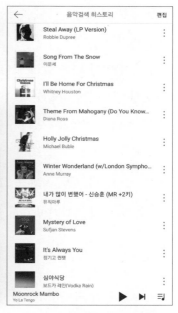

카페, 라디오에서 포획한 노래들.
샤잠 앱과 네이버 뮤직 앱을 동시에 활용한다.

아주 고마운 기술의 발전이다. 혹시 샤잠으로 잡히지 않는 음악이 있을까 봐 네이버 뮤직 앱도 보험 삼아 깔아두었다. 노래를 놓치면 안 된다는 일종의 강박 같은 것이 있다. 지금 내 마음을 잡은 노래는 나중에 다른 사람의 마음을 잡을 확률도 높다고 믿기 때문이다.

만약 음악이 너무 빨리 끝나버려서 음악 찾기 앱이 인식하지 못한 경우에는 어떻게 해야 할까? 가사가 있는 노래라면 가사 몇 마디를 기억해두었다가 구글에 치기만 하면 된다. 'lyric search + ○○○ ○○' 이런 식으로 검색하면 그 가사가 포함된 곡이 나온다. 한국 노래는 그나마 찾기 쉬운 편이다. 하지만 팝송은 몇 어절을 간신히 듣고 찾는다. 영어듣기평가가 따로 없다.

때로는 틀어주는 음악을 듣고 그 사람의 캐릭터를 대강 짐작하기도 한다. 한번은 허름한 치킨집에서 친구랑 치맥을 하는데 영국 록 밴드 오아시스^{Oasis}의 〈Don't look back in anger〉가 흘러나왔다. 개인적으로 좋아하는 밴드였는데, 마침 치킨집 사장님도 오아시스의 팬이라고 해 반가운 마음에 이러쿵저러쿵 이야기를 나누었다.

이렇게 음악에는 사람을 가깝게 하는 힘이 있다. 글이나 이미지로 나타내고자 하는 감정과 의도를 쉽게 강화해주기 때문이다. 비장한 음악은 메시지에 진지함을 더해주고, 애잔한 음악은 감동적인 콘티의 효과를 강하게 만들어준다.

흔히 광고 하면 영상미와 한 줄 카피를 많이 떠올린다. 하지만 영상과 카피를 돋보이게 하는 마법은 음악이 부린다. 시안을 설명할 때도 키노트에 음악을 깔아서 설명하면 음악에 따라 시안이 갑자기 근사해 보이는 경우가 있다. 음악 하나만 잘 썼을 뿐인데 몰입도가 높아져 광고의 매력까지 확 올라가기도 하고, 애써 잘 찍어놓은 영상에 엉뚱한 음악을 붙여 광고의 완성도까지 바닥으로 떨어뜨리기도 한다.

실제로 광고를 제작할 때 영상 편집 작업을 마친 후 그때부터 음악을 붙이려고 하면 광고 완성도가 높아질 수 없다. 제작준비 단계부터 어떤 음악이 영상에 어울릴지 고민하고 찾아두는 것이 일반적이다. 감독님, 녹음실장님과 사전에 긴밀히 회의를 하고, 편집 작업 때는 미리 생각해둔 음악을 하나씩 붙여가며 그림과 호흡을 맞춰나간다. 그만큼 광고에서 음악의 역할은 중요하다.

음악에 대한 지식은 부족하지만 감성과 열정만큼은 유노윤호급이라고 자신할 수 있다. 실제로 내가 일상에서 포획한 음악을 광고에 써먹은 일도 종종 있었다.

2010년 12월 초 온에어된 구몬학습 광고에 모카 Mocca의 〈Happy!〉라는 곡을 BGM으로 사용했다. 2010년경 합정역 근처의 한 카페에서 우연히 듣고 메모해둔 노래다. 당시에는 스마트폰이 없어서 카페 사장님께 제목을 여쭤보고 적어두었던 기억이 난다. 인터넷으로 검색해보니 모카는 인도네시아 출신의 4인조 밴드였다. 여성 보컬의 음색이 너무도 청량해서 귀에 쏙쏙 걸렸다. 꼭 한 번은 광고에 써야겠다고 다짐했는데, 그 기회가 생각보다 빨리 왔다. 당시 나는 아트 디렉터였다. 그래서 아이의 자신감이 자란다는 광고의 콘셉트와 이 곡의 해맑은 멜로디가 잘 어울린다고 판단해 당시 상사인 크리에이티브 디렉터님께 제안했고, 결국 실제로 광고 BGM으로 사용되었다. 여담이지만 당시 광고 속 아이의 이름으로 내 이름이 등장하기도 했다.

이후로도 여러 번 내가 잡아들인 노래가 광고에서 제 몫을 톡톡히 해주었다. 빙그레 바나나맛우유 광고에 쓴 이장희의 〈나 그대에게 모두 드리리〉, 카스 라이트 광고에 쓴 송골매의 〈어쩌다 마주친

"아, 이 노래!" 하며 무릎을 탁 치게 될지도 모른다.

자신만만

그대〉도 모두 개인적으로 보유한 광고 BGM 리스트 출신이다.

BGM 리스트라고 해서 뭐 대단하게 분류해놓는 것은 아니다. 처음 음악을 들었을 때, 이 노래는 비트가 '퓨처리스틱'하니 새로 출시되는 전자제품류 광고에 어울리겠다, 2014년 '소녀감성'이라는 앨범으로 데뷔한 우효 같은 경우는 보컬의 보이스가 천진난만하고 깨끗하니 교육 분야(교과서, 학습지, 분유 등) 광고에 딱이겠다, 이런 식으로 그 음악이 어울릴 만한 업종별로 정리해 저장해두는 편이다.

물론 내가 수집한 노래가 좋다고 무조건 광고에 쓸 수 있는 것은 아니다. 모든 창작물이 그렇듯 음악에도 저작권이 있고, 사용하려면 사전에 비용을 지불해야 한다. 이것을 라이선스 license 비용이라고 하는데 그 가격이 천차만별이다. 그래서 라이선스 비용이 부담스러울 때는 광고에 어울리는 음악을 새로 제작하기도 한다.

올해 5월 말 온에어된 G마켓 반려견 쇼핑 금지 캠페인의 BGM은 광고주의 적극적인 도움에 힘입어 아이돌 밴드인 '엔플라잉N.Fying'에게 직접 곡 작업을 의뢰해 만들었다. 〈Waitng for〉는 그렇게 G마켓 광고 캠페인만을 위해 세상에 태어난 노래다.

반려견을 쇼핑하지 마세요
반려견을 위해 쇼핑하세요

완성도 높은 음원이 이끌어낸 커다란 공감, 함께 느껴보시길!

GD펫

반려견 쇼핑 금지

이 캠페인은 한 달이 채 안 되는 짧은 기간 동안 1,000만 뷰 이상의 조회 수를 기록했다. 엄청나게 공을 들여 찍은 만큼 전체적인 영상미도 좋았지만 음악의 힘은 그 이상으로 컸다. 광고에 몰입할 수 있는 잔잔한 멜로디와 공감 가는 가사로 많은 사람의 호응을 얻었다. 또 엔플라잉의 국내외 팬들이 음원을 따로 출시해달라고 요구할 만큼 음악의 완성도도 뛰어났다.

신곡을 가장 많이 듣는 나이는 24세, 더는 신곡을 듣지 않는 나이는 33세라는 흥미로운 연구 결과를 본 적이 있다. 음악 평론 매체 '스카이넷 앤드 에버트 Skynet & Ebert'가 세계 최대 음원 사이트 '스포티파이 Spotify'의 2014년 자료를 분석한 결과다.* 그렇다고 시간을 따로 들여 멜론 톱 100을 켜서 신곡을 찾아 들을 필요는 없다. 대신 내 마음을 움직이는 음악을 우연히 맞닥뜨렸을 때 놓치지 않고 잡아두면 된다.

스마트폰을 꺼내 스피커 쪽으로 손을 내미는 동작은 이제 자연스러운 내 일상이 되었다. 대단한 음악적 지식이 없어도, 록덕

---

* 10대 때 들었던 음악을 평생 듣는 이유, <중앙일보> 네이버 포스트, 2019년 5월 21일

크리에이티브는 단련된다

후가 되지 않아도 새로운 음악을 밥 먹듯이 즐길 수 있게 되었다.

지금도 카페에서 이 글을 쓰다가 귀를 사로잡는 명곡을 낚았다. 만만치 않은 라이선스 비용으로 써먹을 기회가 있을지 확신이 들지 않는 명곡, 존 레논의 〈(Just like) Starting over〉를 듣고 또 들어본다.

음악에는 사람을 가깝게 하는 힘이 있다.
글이나 이미지로 나타내고자 하는 감정과 의도를
쉽게 강화해주기 때문이다.

이러니 흑백에
반하나 안 반하나

나는 흑백사진을 즐겨 찍는다. 컬러가 주는 선입견을 걷어내고 대상의 본질을 오롯이 들여다볼 수 있다는 매력에 반해 흑백사진을 고집한다. 눈으로는 대상이 컬러로 보이지만, 그 대상을 카메라의 흑백 모드로 찍고 나면 형태와 명암만이 남아 완전히 새롭게 다가온다.

시간이 한참 흐르고 나서 다시 그 사진들을 찾아보면, 사진 찍는 순간을 무성하게 이루던 눈앞의 컬러가 생생히 떠오른다. 바람, 소리, 냄새에 대한 구체적인 기억도 떠올릴 수 있다. 계절감과 색감도 머릿속에 각인되어 있다. 반면에 내가 사진 찍던 당시를 경험하지 못한, 내 사진을 처음 보는 사람들은 나와는 다른 느낌을 받을 것이다. 처음부터 정답을 다 알려주는 컬러사진보다 본연의 형태를 제외한 나머지는 수수께끼처럼 숨기고 있는 흑백사진이 더 흥미로운 이유다.

나에게 흑백사진을 찍는다는 일은 시간 차를 두고 상상력을 불러일으키는 순간을 포착하는 행위다. 옷을 다 벗어던지고 해변을 마구 뛰어다니는 어린이가 해방감을 느끼는 것처럼, 가끔은 색채를 걷어낸 자리에 상상력이 끼어들 자리가 생겨난다.

우리 팀에서 제작한 유일한 흑백 광고인 빙그레 바나나맛우유 광고도 그런 의도에서 흑백으로 촬영되었다. 화려함의 각축전을 벌이는 광고들 사이에서 돋보여야 한다는 광고의 특성상, 정말 독특한 레트로 콘셉트가 아니고서야 흑백으로 촬영하겠다는 결정을 하기는 쉽지 않다. 실제로 광고주가 흑백 영상 때문에 제품이 더 '올드'하게 보이는 것 아니냐며 반대하기도 했는데, 필사적으로 광고주를 설득해냈다.

소비자의 머릿속에 강하게 박혀 있는 바나나맛우유의 노란색만 빼고 나머지 요소는 모두 과감하게 흑백으로 처리했다. 그래서 제품이 등장할 때 더 극적인 효과가 났다. 흑백이 주는 낯섦 때문에 컬러로 제작된 다른 광고에 비해 상대적으로 광고주목도도 높아졌다. 여기에 더해 캠페인 내용으로 편견 때문에 잘못 내리는 판단에 대한 이야기를 담고자 했다.

상황은 이렇다. 신입 사원으로 첫 출근을 해 자리 배치를 받는 날. 앞으로 어느 팀에서 일하게 될지 모른 채 인생 첫 팀을 향해 가고 있는데, 저 멀리 인상이 범상치 않은 아재 한 명이 보인다. 그냥 앉아서 일을 하고 있을 뿐인데 흑백으로 촬영한 덕분에 한층 의뭉스럽고 강렬한 오라를 풍긴다. 안 그래도 모든 게 처음이라 어리버리한데 별생각이 다 들게 하는 모습이다.

'저런 사람이 사수라면 회사 생활 엄청 힘들겠군' 하고 남 일인 양 생각하며 지나치려는데, 인사팀 직원이 저 험상궂게 생긴 인간이 바로 내 사수라고 한다.

'아뿔싸. 내 직장 생활은 시작하자마자 이렇게 끝나는구나.'

깊은 한숨이 절로 나오던 순간, 내 사수라는 사람이 서랍에서 바나나맛우유를 꺼내 빨대를 톡 꽂아 한 모금 마신다. 너무 귀엽다. 흑백 일색의 화면에서 바나나맛우유만이 노란 컬러로 부각된다.

어린 시절 아버지와 공중목욕탕에서 목욕을 마친 후 마시던 바나나맛우유의 정감 어린 이미지를 극대화하려는 전략이었다.

'저 사람도 알고 보면 다정한 사람일지 몰라' 하는 생각이 자연스럽게 들면서 분위기는 급반전되고, 마지막으로 바나나의 발음을 활용한 "이러니 반하나 안 반하나?"라는 멘트가 뜨면서 광고는 끝난다.

광고의 반전 효과를 끌어올리는 데 흑백 화면이 큰 역할을 해주었다. 철저하게 계산된 흑백 화면 덕분에 바나나맛우유가 더 빛을 발할 수 있었다.

내 인스타그램 계정에는 흑백사진들만 업로드하는데 거의 대부분은 풍경 사진이고 가끔은 음식 사진도 있다.

한번은 자주 가는 레포츠 센터에서 즐겨 먹는 오므라이스를 여느 때처럼 흑백으로 찍어 올렸다. 그 사진을 본 한 친구가 말했다. 흑백으로 찍으니까 도대체 무슨 맛인지 상상도 안 되고 식감조차 안 느껴진다고. 그러고 보니 색이 빠졌을 뿐인데 노릇한 오믈렛 위의 브라운색 데미글라스 소스가 눈 덮인 언덕을 타고 흘러내리는 구정물처럼 보이긴 했다.

생각해보니 흑백으로 먹스타그램을 하는 사람은 없는 것 같다. 흑백으로 송출되는 먹방 역시 본 적이 없는 것 같다. 〈좀처럼 맛을 상상하기 힘든 수수께끼 먹방극장〉이라는 이름의 남다른 먹방 유튜브 채널을 개설하는 상상을 해본다. 다른 채널에서 '아는 맛이 제일 무섭다'면서 이미 먹어본 맛있는 음식들을 4K

반전 효과를 끌어올리는 데 큰 역할을 한
흑백 화면의 바나나맛우유 광고.

빙그레

바나나맛우유

화질로 어필할 때 누구나 잘 아는 음식을 흑백으로 보여주며 상상력을 불러일으키는 먹방을 하는 것이다.

유튜버가 나와서 말한다.

"오늘 먹어볼 음식은 흑백 떡볶이인데요, 어때요?"

다음 에피소드는 흑백 연어회, 흑백 돌솥비빔밥 등으로 이어진다. 솔직히 그 채널에서 홍보하는 맛집이 장사가 잘될지는 모르겠다. 하지만 흥미로운 먹방으로 큰 이슈는 될 것이다.

이러니 흑백의 매력에 반하나 안 반하나?

처음부터 정답을 다 알려주는 컬러사진보다
본연의 형태를 제외한 나머지는
수수께끼처럼 숨기고 있는
흑백사진이 더 흥미롭다.

댓글만
잘 봐도 되겠구만

댓글은 사람을 살리기도 하고 죽이기도 한다. 셀럽들이 악플을 직접 읽는 형태의 쇼도 등장할 만큼 유명 인사들은 댓글에 민감하다. 연예인만큼은 아니지만, 광고를 제작하는 사람들도 댓글을 찾아본다. 댓글 창은 어쨌든 대중의 의견을 여과 없이 볼 수 있는 곳이라 관심을 가질 수밖에 없다.

특히 우리 팀이 제작한 광고가 온에어되면 그날부터 광고 영상에 달린 댓글들을 유심히 보게 된다. 어렵게 어렵게 광고주에게 시안을 팔고 수많은 스태프들과 고생해서 완성한 자식 같은 존재가 어떻게 평가받고 있는지 궁금해 참을 수 없기 때문이다. 댓글 창을 스크롤하는 것만으로도 이번 광고가 대박인지 폭망인지 금방 알게 된다.

댓글을 읽다 보면 제작할 때 놓쳤던 빈틈도 발견하게 되고 어떤 카피가 좋은지, 어떤 장면에 가슴이 먹먹해지는지, 어떤 타이밍에 '현웃' 터졌는지까지 꽤 구체적인 반응을 볼 수 있다. 이 의견들은 다음 광고를 제작할 때 참고하기도 한다.

같은 이유로 조회 수 역시 중요한 바로미터다. 광고를 자발적으로 시청한 '오개닉뷰'가 많을수록 소비자의 마음을 제대로 움직인 광고일 확률이 높다. 대중의 평가가 좋지 않으면 아무리 돈을 들여 광고를 올려도 조회 수가 오르는 데 한계가 있다.

댓글을 참고하는 사이트가 몇 군데 있는데, 먼저 TVCF가 있다. 이곳에는 일반인도 댓글을 남기지만, 주로 현업에 있는 광고인들이 댓글을 남긴다. 그래서 악의적인 댓글보다는 광고 비평가처럼 디테일하게 장단점을 짚어주는 댓글이 많다.

다음은 유튜브나 인스타그램이다. 여긴 실전이다. 선플만 줄줄이 소시지면 좋겠지만 사람들의 생각은 너무도 각양각색이고 심지어 아주 냉정하기까지 하다. 그러다 보니 비슷한 내용의 댓글이 많이 올라오면 대중이 반응하는 포인트에 확신을 얻게 된다.

이런 생각으로 댓글을 보다 보면 경쟁사에서 만든 광고의 댓글도 궁금해진다. 그래서 가끔 관심 가는 경쟁 품목의 광고는 댓글을 찾아본다. 경쟁 제품 광고에 대한 소비자의 생각과 의견을 알고 싶기 때문이다.

내가 봐도 잘 만든 광고의 댓글은 특히 유심히 본다. 내 생각과 어떻게 다른지 비교도 해보고 예상치 못한 포인트에서 좋은 반응을 보이면 사람들이 좋아하는 이유를 찾아보려고 한다. 그들의 말 속에 힌트와 답이 들어 있기 때문이다. 굳이 FGI^{Focus Group Interview}(소비자 면접 조사)를 돌리지 않아도 쌍방향으로 소통하는 느낌이 든다. 나라면 광고를 이렇게 만들겠다는 의견부터 본인이 생각한 카피 샘플까지 세세하게 올리기도 한다. 진솔한 댓글에서 사람들의 공감대도 찾고 최신 이슈도 건진다.

물론 자극적인 악플에 상처를 받기도 하지만 오히려 더 좋은 크리에이티브를 위한 약이 되기도 한다. 무플보다 악플이 낫다는 말도 있지 않은가. 우리 팀에서 힘들게 만든 광고를 보고 좋든 싫든 의견을 주는 것이 반갑고 고마울 뿐이다. 한 줄의 댓글은 내 크리에이티브의 영양분이 된다.

광고 댓글을 찾아보다가 우연히 뉴스 기사나 커뮤니티 유저들이 올린 콘텐츠에 달린 댓글도 보게 되었다. 기상천외한 댓글들이 많았다. 기발한 댓글은 흔히 '베댓(베스트 댓글)'이 되는데 베댓들을 보면 생각 자체가 크리에이티브하다. '같은 뉴스를 봤

는데, 같은 사진을 봤는데 어떻게 이렇게 발칙한 발상을 했지'
하면서 연신 감탄한다. 허를 찌르는 베댓은 예기치 못한 영감이
되고 자극이 되었다.

베댓은 본문 내용과 함께 캡처되어 짤로 돌아다니곤 한다.
나도 보자마자 빵 터진 베댓 캡처본을 몇 개 저장해두었다.

"고기 구워 먹을 때 소금 찍지 마라"라는 기사의 베댓은 "알
았다. 반말하지 마라"로 허를 찌르고, "'놓치면 2034년에…' 크
리스마스 럭키문 사진"이라는 기사의 베댓은 "뭔 놈의 달이 럭
키문, 슈퍼문, 레드문 인생이 의문문이구만"으로 라임을 맞춘다.

출근길에 심각한 뉴스 기사를 읽다가도 그 기사에 달린 웃긴
베댓을 읽으면 피식하고 웃게 된다. 같은 뉴스와 같은 사진을
봤는데도 어떻게 이렇게 발칙한 댓글을 생각할 수 있는 걸까.

베댓이 웃긴 이유는 간단하다. 베댓이 되려고 미친 듯이 머
리를 짜내기 때문이다. 어찌 보면 댓글 창은 하나의 공개 오디
션 프로그램 같기도 하다. 앞다투어 기발한 한마디를 올린다.
서로 눈길을 사로잡으려고 난리다. 내가 올린 댓글 한 줄이 사
람들에게 얼마나 어필하고 호응받을까를 생각하며 혼심을 다
해 쓴다. 일종의 카타르시스가 느껴진다. 경쟁하듯 '드립'을 치
니 치열할 수밖에 없다. 그러니 아무나 '베댓'이 될 수 없다. 어

느 정도 크리에이티브한 발상이 있어야 가능하다.

사람들의 공감을 가장 많이 받아낸 베댓을 보고 있으면 오히려 광고회사에서 제작팀 수십 명이 머리를 맞대고 도출해낸 카피 한 줄보다 더 끌릴 정도다. 크리에이티브한 생각들은 다양한 얼굴로 이 순간에도 속속 태어나고 있다. 그러니까 꼭 유능한 카피라이터의 카피, 저명한 대문호의 문장이 아니어도 머릿속에 꿈틀거리고 있는 크리에이티브 본능을 뽐내고 있는 손놀림들을 눈여겨보자.

오늘도 나는 베댓이 되고자 덤벼드는 세상의 숨은 크리에이티브 고수들의 향연을 즐거운 마음으로 스캐닝한다. 댓글, 이제 함부로 보지 말자. 웃기는 쉬워도 웃기기는 어렵다. 내 댓글로 다른 사람을 미치도록 웃게 만든 적이 있었던가. 진지하게 생각해볼 일이다.

크리에이티브는 단련된다

댓글 함부로 보지 마라.
너는 누군가를 댓글로
미친 듯이 웃게 해본 적 있는가.

신문을 읽고
영감을 얻다

"요즘도 종이 신문을 읽는 친구가 있네."

오늘 아침, 출근길 엘리베이터에서 오랜만에 마주친 회사 선배가 나에게 건넨 말이다.

매일 아침 종이신문을 보면서 하루를 시작한다. 20년 가까이 꾸준히 하다 보니 이제는 루틴이 되어버렸다. 모바일로 뉴스를 스크롤하는 손동작보다 종이 신문을 한 장씩 넘기는 손동작이 훨씬 자연스럽고 편할 정도다.

나는 종이 신문에서 인사이트를 많이 얻는 편이다. 읽는 데 그치지 않고 아이디어를 얻는 데 도움이 되는 지면은 잘라서 방 여기저기에 벽지처럼 발라둔다. 이렇게 붙일 정도면 꽤 인상적인 기사였다는 뜻이므로, 언제든지 영감의 원천이 되도록 반복해서 눈에 띄게 한다. 그러다 보면 문득문득 좋은 생각이 떠오르기도 하다.

분명 종이 신문은 불편하다. 비라도 오는 날엔 특유의 쿰쿰한 종이 내음이 밀려온다. 또 다 본 신문을 신경 쓰지 않고 두면 금방 허리께까지 쌓여서 수시로 버려줘야 한다. 그래도 구독을 끊을 수는 없다. 온라인 뉴스의 편리함과는 비교할 수 없을 만큼 충분한 가치가 신문에 있기 때문이다.

이 종이 뭉치를 새롭고 알찬 내용으로 발행하기 위해 매일매일 신문사에 소속된 모든 사람이 총체적인 노력을 기울인다. 얼마나 많은 집단 지성이 동원되었을지를 생각하면 단순한 종이 뭉치로만 볼 수는 없다. 한 분야 한 분야의 전문가들이 자기 파트에서 발로 손으로 부지런히 취재해 속이 꽉 찬 기사를 작성한다. 그런 정성 가득한 종이 콘텐츠를 매일 마주하는 일은 실로 즐겁다.

게다가 각 기사의 헤드라인은 구체적인 내용을 함축적으로 담아놓은 한 줄의 카피와 같다. 급할 때는 헤드라인만 보고 넘어가도 좋을 정도다. 그만큼 고민에 고민을 거듭하며 완벽을 기했기 때문이다.

종이 신문에는 신문을 읽는 독자를 위한 편집 순서와 의도라는 것이 존재한다. 그래서 쭉 읽기만 해도 세상의 이슈를 고루 섭취하는 듯하다. 또 널찍한 지면에서 여러 기사를 한눈에 볼 수 있어 복합적인 사고를 가능하게 한다. 최근 눈에 자주 띄는 전동 킥보드 공유에 관한 기사 바로 옆면에서 이스라엘의 수소 전기차 스타트업에 관한 기사를 만나는 식이다. 앞으로의 생활에 어떤 기술과 서비스가 채워질지, 어떤 기업이 유망해질지를 구상해 볼 수 있다.

물성이 있는 것들은 한번 잘못되면 되돌리기 어렵다. 그래서 오타나 잘못된 정보가 많이 섞여 있는 온라인 신문에 비해 종이 신문은 정돈된 배열과 정제된 텍스트로 이루어진다. 그러다 보니 받아들이는 느낌도 다르다. 훨씬 무게감이 있다. 신문을 넘길 때마다 들리는 종이끼리 맞닿는 소리는 정서적인 안정감마저 준다.

이제는 신문을 읽는 나름의 순서도 생겼다. 가장 먼저 1면의 헤드라인과 주요 기사를 훑어본다. 헤드라인을 훑는 것만으로도 카피 훈련이 되기 때문이다. 그리고 바로 별지에 있는 비즈니스 경제 면을 본다. 요즘 힙한 트렌드나 새로운 기술을 다

룬 참신한 이슈들을 만나볼 수 있어 유심히 체크한다. 그다음은 스포츠 기사다. 손흥민이나 류현진과 같은 광고계 유명 인사들의 소식도 알아보고, 떠오르는 스포츠계 스타들의 정보도 입수한다. 골프, 테니스, 축구, 야구 등 각종 스포츠 분야에서 광고 콘셉트의 팁을 얻거나 아직은 쓰임이 없더라도 도움이 될 만한 정보는 스크랩하거나 메모해둔다.

다음으로는 신문의 맨 뒷면을 차지하고 있는 전면 인쇄 광고를 확인한다. 예전만큼은 아니지만 최근 영향력을 끼치고 있는 브랜드를 파악할 수 있기 때문이다. 그리고 뒤에서부터 한 장씩 앞으로 넘기면서 신문을 읽어나간다. 보통 가장 뒷면에 자리 잡은 사설 코너의 제목들을 살피다가 흥미로운 주제가 있으면 내용까지 꼼꼼하게 본다. 경제, 사회 면에 군데군데 배치된 인상적인 칼럼들을 읽다 보면 온라인으로 찾으려면 수고가 드는 오피니언 리더들의 머릿속을 생생히 들여다볼 수 있다. 마지막으로 라이프 스타일 코너와 문화 면을 챙긴다. 공연, 전시, 영화 정보를 확인하고 추천하는 책 소개는 정독한다. 필요하다 싶은 책은 인터넷 서점에서 바로 주문한다.

조금 소홀하게 읽는 코너는 주로 앞장을 차지한 정치 면이다. 헤드라인 위주로 빠르게 훑거나 보통은 건너뛴다. 언론사의 기조에 따라 정보 함량이 다르다는 이유에서다.

　오랜 시간, 매일 아침 종이 신문을 읽는 습관이 몸에 배다 보니 바쁜 스케줄 때문에 신문을 읽지 못하는 날은 영 찜찜하다. 나에게 신문 읽기란 매일매일 배움의 즐거움과 몰입의 즐거움을 챙겨주는 습관이다. 다른 사람의 공들인 기록을 아침마다 읽는 행위가 나의 생각 근육을 튼실하게 길러주고 있다.
　선뜻 신문을 구독할 용기가 나지 않는다면 아무 신문이나 한 부 사보는 건 어떨까. 헤드라인만 훑어도 카피 훈련이 되고, 무심하게 펼쳐본 면에서 대단한 인사이트를 발견할 수도 있을 테니 말이다.

정돈된 배열과 정돈된 텍스트.
누군가 공들여 만든 콘텐츠를
매일 아침 편하게 만나보는 재미.

4.
편집하는 머리

일단
뒤집고 본다

2018년 초, 대학원 졸업을 앞둔 마지막 학기였다. 각자 자신만의 회사를 만들어 브랜드 아이덴티티를 정립하라는 과제가 주어졌다. 나는 밥이 맛있는 쌀 브랜드를 만들어보기로 했다. 고민을 거듭한 끝에 브랜드 이름을 '에씨르Ecir'라고 지었다. 글로벌 시대에 맞게 고급스러운 브랜드로 런칭할 의도였다. 왠지 있어 보이는 이름이라 모두들 한눈에 혹했다. 사실은 'rice'를 거꾸로 했을 뿐이었는데 말이다.

뭔가 새로운 걸 내놓고 싶은데 좀처럼 생각이 풀리지 않을 때면 일단 뒤집고 본다. 그러면 진부한 생각에 금세 신선함이 더해진다. 'stressed'를 거꾸로 읽어보라. 'desserts'가 된다. 아이디어가 떠오르지 않아 스트레스를 받을 때 반대로 생각해보면 디저트 같은 달콤함을 만날 수도 있다.

G마켓의 스마일 캠페인은 2018년을 뜨겁게 달군 대세 아이돌 '워너원'을 모델로 내세워 이커머스 업계 1위의 대세감을 강조하고자 했다. 하지만 워너원의 역동적인 춤과 노래는 이미 다른 광고에서 너무 많이 소비된 상태였다.

그래서 반대로 생각해보았다. 워너원이 보여주지 않았던 모습을 보여주자. 이렇게 방향을 잡고 아주 정적이고 느긋한 분위기의 영상을 제작하기로 했다. 먼저 보기만 해도 힐링이 되는 동양의 산수화가 펼쳐진 공간을 만들었다. 그 공간 위에 워너원 멤버들을 화보 모델처럼 세우고 시조풍의 내레이션을 올렸더니 낯설고 묘한 분위기가 연출됐다. "득이 되게 득이 되고, 재빠르게 재빠르다" 하는 식으로 같은 단어를 반복해서 읊조리며 서비스의 특장점을 능청스럽게 강조했다.

워너원이라는 핫한 모델을 전혀 다른 방식의 크리에이티브로 풀어낸 것이다. 그동안 워너원에게서 볼 수 없었던 희소성 있는 매력 덕분에 10~20대의 젊은 소비자들은 G마켓 광고를 '무한 반복'했다.

크리에이티브는 단련된다

워너원을 춤추지 않게 하라! 희소성 있는 매력이 어필한다.

G마켓

스마일 배송

나이키는 '반대로 생각하기' 크리에이티브 전략으로 유명한 브랜드 중 하나다.

1996년 독일 베를린 마라톤 대회 때 일이다. 베를린 마라톤 대회의 공식 스폰서는 아디다스로, 유명한 마라톤 선수들의 스폰서 역시 아디다스가 장악하고 있었다. 나이키는 이 판에 용감하게 뛰어들어 골리앗과의 싸움에서 이긴 다윗이 되게 해줄 똘똘한 광고대행사를 수소문했다.

나이키가 선택한 곳은 카피라이터 출신 에릭 케셀스Eric Kessels와 아트 디렉터 요한 크라머Johan Kramer가 공동 창립한 네덜란드의 광고대행사 케셀스크라머kesselskramer였다. 엉뚱한 광고를 많이 만들어내 개인적으로 애정하는 곳이기도 하다.

이들은 역시나 남다른 아이디어를 냈다. 강력한 우승 후보 대신 마라톤 참가자 중 가장 나이가 많은 사람을 찾아 그를 후원하기로 한 것이다. 주인공은 78세의 하인리히 할아버지였다. 두 젊은 광고인은 하인리히 할아버지를 베를린 마라톤 대회 최고의 이슈 메이커로 만들기로 작정한다. '78세 노인이 42.195 킬로미터를 달리다니 완주가 가능할까?', '건강에는 이상이 없을까?' 등등 모두가 이 노인에게 관심을 가지리라 확신했다.

하인리히 할아버지를 모델로 "달려라 하인리히, 달려라!Go,

Heinrich, Go!"라는 카피를 더해 만든 포스터를 베를린 시내에 도배했다. 할아버지만의 주제가도 테크노풍으로 선보였다. 이 노래는 라디오 방송에도 소개가 되고 나이트클럽에서도 틀었는데 반응이 엄청났다. 하인리히 할아버지에 대한 소책자도 제작해 베를린 시민들에게 배포했다.

마침내 마라톤 대회가 시작되었다. 경기가 진행되는 내내 어떤 선수가 우승할 것인지보다 하인리히 할아버지가 어디쯤 달리고 있는지, 과연 완주는 할 수 있을지에 대한 관심이 더 컸다. 자연스레 방송국 카메라도 하인리히 할아버지를 자주 비출 수밖에 없었다. 베를린 시민들의 응원은 뜨거웠고 할아버지는 제일 마지막으로 결승점을 통과했다. 하인리히 할아버지는 당초 예상보다 늦게 도착했는데, 이 역시 방송국과의 인터뷰 때문이었다고 한다. 누가 봐도 베를린 마라톤 대회의 주인공은 하인리히 할아버지였다.

할아버지가 입고 있던 반바지, 티셔츠, 양말, 운동화에 또렷이 박힌 나이키 로고가 부각되었음은 말할 것도 없다. 나이키의 인지도는 덩달아 급상승했다.

모두가 1등을 생각할 때 나이키는 꼴찌를 생각했고 제일 나이 많은 참가자를 내세워 기상천외한 광고 캠페인을 펼쳤다. 엄

모두가 1등을 생각할 때 꼴찌를 생각하면 이긴다.

청난 마케팅 비용으로 베를린 마라톤 대회를 후원했던 아디다스가 아니라 용기 있는 크리에이티브 전략을 짠 나이키의 완벽한 승리였다.

거대한 wall이 눈앞에 놓여 있다고 쫄지 말자. 그 wall을 넘어뜨려 way로 바꾸는 데 필요한 건 어쩌면 거대 자본보다는 반짝이는 기지다. 그 기지의 실마리는 '반대로 생각하기'에 있을 확률이 높다.

일탈도 해본 놈이 잘한다. 생각의 일탈은 자유니까 최대한 자주 해보자. 아예 습관으로 만들자. 우선 평소에 쓰는 단어를 무작정 뒤집어 읽어보거나 써본다. 맨날 아무 감흥 없이 접하고 사용하던 단어도 반대로 읽어보면 신선하게 다가온다. 뒤집어도 말이 되는 단어들을 찾다 보면 의외로 많다.

이용 / 용이

성숙 / 숙성

진부 / 부진

주차 / 차주

성실 / 실성

계단 / 단계

치유 / 유치

자살 / 살자

정부 / 부정

급조 / 조급

앞뒤를 뒤집었을 때 서로 문맥이 통하는 단어, 전혀 상관없는 의미가 되는 단어, 상반되는 뜻이 되는 단어까지 다양한 재미를 발견할 수 있다. 또 이 단어들의 말맛을 잘 살리면 광고 카피로도 활용할 수 있다.

- 역경은 당신의 인생에 의미 있는 경력으로 남을 것이다.
- 계단을 오르듯 단계를 밟아가다 보면 경지에 오를 지경에 이른다.
- 마음이 조급하면 급조하게 된다.
- 진부한 생각은 부진한 결과를 만든다.
- 여기 주차한 차주 누구예요?
- 생각을 숙성하다 보면 성숙한 아이디어가 나오기 마련입니다.

- 이용하기에 용이하다.
- 유치한 말장난에 마음이 치유되었다.
- 정부는 그 사실을 부정했다.

어떤 방향으로 바라보느냐에 따라서도 모양과 의미가 달라진다. 곰을 수평으로 뒤집으면 문이 되고 롬곡옾눞을 수평으로 뒤집으면 폭풍눈물이 되는 것처럼 말이다.

하루 종일 뚫어져라 쳐다보는 스마트폰의 액정 화면 대신 뒷면을 열심히 본 적 있는가. '가나다라마바사아자차카타파하'는 누가 정해놓은 순서일까. '하파타카차자아사바마라다나가'로 빠르게 읽기만 해도 벌써 새로움이 느껴지지 않는가. 의식의 흐름대로 써놓은 글을 반대로 다시 써보는 건 어떨까. 맨날 듣는 노래도 반대로 들어보고 좋아하는 영화를 반대로 재생해보는 것도 좋다.

〈달마야 놀자〉라는 영화를 보면 이런 관점에서 쉽게 문제의 답을 내는 장면이 나온다. 스님이 주인공에게 "깨진 독에 물을 채워라"라는 말도 안 되는 숙제를 낸다. 주인공은 긴 고민 끝에 강물에 깨진 독을 넣는 것으로 문제를 깔끔하게 해결한다.

반대로 생각하다 보면 생각보다 쉽게 실마리가 풀릴 수 있다. 반대로 생각하는 습관을 길러보자. 생각만큼은 얼마든지 청개구리가 되어도 좋다.

'가나다라마바사아자차카타파하'는
누가 정해놓은 순서일까.
'하파타카차자아사바마라다나가'로
빠르게 읽기만 해도
이미 새롭지 않은가?
생각만큼은 청개구리가 되어도 좋다!

문제 속에
답이 있다

마크 트웨인의 소설 《톰 소여의 모험》을 보면 아주 인상 깊은 장면이 나온다. 악동이자 사고뭉치인 톰은 어느 날 폴리 이모가 내린 벌로 담벼락에 페인트칠을 하게 된다. 톰이 페인트칠을 하고 있으니 지나가던 친구들이 하나둘 관심을 보였다. 톰은 일부러 더 신나게 페인트칠하는 시늉을 했고 그 모습을 본 친구들은 자기도 한번 해보자고 톰에게 부탁한다. 톰은 친구들에게 먹을 것을 받고 페인트칠을 할 수 있는 기회를 준다.

톰은 페인트칠을 '해야 하는 일'이 아닌 '재밌는 놀이'로 바꿔버리는 영리하고도 놀라운 발상을 보여주었다. 벌로 하던 일을 수익을 내는 수단으로 바꿔버린 것이다. 이런 톰 소여의 기발함을 현실에서도 종종 만날 수 있다.

크리에이티브는 단련된다

호주 멜버른에는 재플슈츠JAFFLECHUTES라는 유명한 샌드위치 가게가 있다. 이 가게는 특이하게도 건물 7층에 입점해 있다. 비싼 임대료 때문에 1층에 가게를 내지 못한 것이다. 하지만 사람들이 고작 샌드위치를 먹기 위해 7층까지 올라오길 기대하는 건 미친 짓이었다.

고민 끝에 이들은 더 미친 생각을 해냈다. 낙하산을 이용해 7층에서 1층으로 샌드위치를 내려보내는 것이다. 건물을 오르내리기 부담스러운 고객들을 위해 주문과 결제는 홈페이지나 모바일로 미리 할 수 있게 하고, 샌드위치를 받을 시간을 정하면 비닐로 만든 낙하산에 샌드위치를 매달아 1층에서 받을 수 있도록 내려보냈다.

재플슈츠라는 이름도 샌드위치의 호주식 슬랭인 재플Jaffle과 낙하산Chute의 합성어라고 한다. 고객 입장에서는 꽤 귀찮은 일이지만 호기심과 재미 때문에 오히려 낙하의 묘미를 즐긴다. SNS를 통해 유명해져서 이제는 멜버른 관광 상품이 되었을 만큼 큰 인기를 얻고 있다.

재플슈츠는 접근성이 떨어지는 7층이라는 불리한 가게 위치를 낙하산으로 샌드위치를 받는 명소로 만들어버렸다. 한마디로 약점을 차별화된 서비스로 바꿔놓은 것이다.

낙하산은 불리한 위치의 샌드위치 가게를 명소로 만들어주었다.

호주에서 일어난 또 다른 재미있는 사건이 있다. 지난해 발행한 신권 지폐에서 오타가 발견된 것이다. 'responsibility'가 'responsibilty'로, 'i'가 한 개 빠진 채 4,600만 장이나 되는 지폐가 발행되고 말았다. 지폐를 전부 회수해 폐기하겠다고 하면 막대한 국가적 손실이 발생할 수밖에 없는 위기 상황이었다.

그런데 이 엄청난 실수에 대한 은행의 대응이 어이없기도 하고 기상천외하기도 하다. 화폐로서의 가치나 기능은 여전히 인정되니 오타가 있는 지폐를 그대로 사용하겠다는 것이었다. 대신 앞으로 발행할 지폐에는 틀린 철자를 바로잡겠다고 했다. 결과적으로 문제의 지폐를 4,600만 장으로 한정된 '희소가치가 있는 지폐'로 인식하게끔 했다. 지폐에서 오타를 찾으려는 사람들이 많을 것은 분명했다. 나중에 웃돈을 주고 사려는 사람이 있을지도 모른다고 생각하면 나름 그럴듯한 대처였다.

캐나다의 시레디Shreddies 시리얼은 판매 정체기를 맞은 자사 제품을 살리기 위해 기상천외한 광고 한 편으로 소비자에게 다시 한 번 제품을 이슈화했다.

시리얼 제조 공장에서 네모난 시리얼이 생산되는 기계를 살펴보는 직원이 보인다. 그 직원은 우연히 다이아몬드 모양의 시

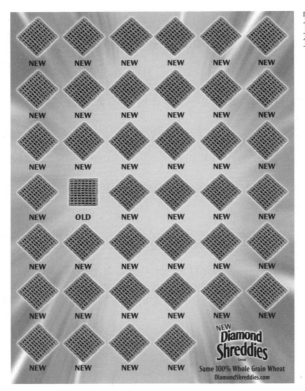

'올드' 시리얼을 찾아보시라!

다이아몬드 시레디

리얼이 나오는 것을 보고 급히 스톱 버튼을 누른다. 사실 네모난 시리얼이 각도만 틀어져서 다이아몬드 모양으로 보였을 뿐인데, 공장 관계자들이 모두 모여 큰일이 난 것처럼 유난을 떨며 웃음을 유발한다. 그리고 이 위트 넘치는 포인트를 살려 기존 제품을 신제품인 것처럼 뻔뻔하게 광고한다.

시레디는 기발한 크리에이티브 하나로 전혀 새로울 것 없는 기존 시리얼 제품을 신제품으로 만들어버렸다. 광고 하나가 소비자의 인식을 변화시킬 수 있음을 보란 듯이 보여준 것이다. 기존 제품에서 무엇 하나 달라지지 않았는데 생각의 전환만으로 엄청난 가치가 더해졌다. 이들의 너스레는 평범한 시리얼을 다이아몬드로 만들었다.

최근 우리나라의 한 피자 회사에서는 한창 인기 가도를 달리던 래퍼를 모델로 기용해 광고를 촬영했다. 그런데 광고 온에어를 앞두고 그 래퍼가 불미스러운 일에 연루되면서 광고를 내보내기가 부담스러운 상황에 처했다.

이 회사가 선택한 방법은 래퍼의 분량을 통편집하고 그 자리에 시안 콘티에 있던 인물 그림을 끼워 넣는 것이었다. 엑스트라는 그대로 등장하는 실사 영상에서 메인 모델이 나오는 부분만 콘티 그림으로 대체하니 오히려 독특한 광고가 되었다. 이런 비하인드 스토리는 피자 광고를 더 이슈로 만들었다.

크리에이티브를 또 다른 말로 표현하면 '지혜'다. 지혜롭게 문제를 해결하려는 의지만 있으면 아무리 심각한 위기라도 놀라운 기지를 발휘해 좋은 기회로 바꿀 수 있다.

하늘이 무너져도 크리에이티브가 솟아날 구멍은 있다. 그리고 실제로 크리에이티브를 펼쳐야 하는 하늘은 사시사철 악천후다. 구멍을 찾지 않으려야 않을 수가 없다. 상황이 안 좋을수록, 답이 안 보일수록 힘을 빼고 문제를 들여다보자. 문제 속에 바로 정답이 있다.

크리에이티브의 또 다른 이름은 '지혜'.
힘을 빼고 문제부터 들여다보자.
문제 속에 정답이 있다.

생각의 여름,
여름의 생각

요즘은 수업도 유행템이다. '○○ 수업'이라는 제목의 책이 베스트셀러에 오르기도 하고 SNS에서는 온갖 분야의 클래스 광고가 눈에 띈다.

나에게도 '인생 수업'이 있다. 대학교 2학년 때, 내가 광고라는 길을 선택하게 한 광고 디자인 수업이다. 수업 첫날 받은 과제가 얼마나 인상적이었는지 아직도 기억이 선명하다. 과제 자체는 단순했다. 서로 상관없는 낯선 두 대상을 엮어 새로운 무엇을 그려오는 것이 전부였다. 전지를 한 장씩 준비해서 그 공간을 꽉 채우면 되는 심플한 작업이었다.

• 연필 + 신발 =

크리에이티브는 단련된다

- 스마트폰 + 김밥 =

- 양말 + 옥수수 =

- 금붕어 + 망치 =

- 강아지 + 화분 =

- 보트 + 골프채 =

- 맥주병 + 주걱 =

- 선풍기 + 기린 =

- 자전거 + 양파 =

이런 식으로 엉뚱한 조합의 결과물을 탄생시키는 것이었다. 어린이 같은 발상이라 신선했고 흥미진진했다. 억지스럽고 우스꽝스러운 그림도 많았지만 생각지 못한 굉장한 발명품이 나오기도 했다. 물론 혼자만의 착각일 수도 있다.

당시 수업을 진행하신 윤호섭 교수님은 되든 안 되든 낯선 두 대상을 하나의 이미지로 만들다 보면 새로움을 만나게 될 거라고, 무엇보다 뇌가 부지런해질 거라고 하셨다. 그러니 낯설게 하는 것을 두려워하지 말라고.

나는 이렇게 생각을 해나가는 것 자체가 재미있어서 과제를 꽤 열심히 했다. 덕분에 학기를 마칠 때쯤 교수님께 좋은 피드

백을 받을 수 있었다. 교수님은 내게 광고 회사에 가면 이런 재미난 발상으로 크리에이티브한 제작 일을 할 수 있으니 관심을 가져보라고 조언해주셨다. 이 일을 계기로 한 광고대행사에서 대학생을 대상으로 주최한 광고 공모전에 도전하게 되었는데, 뜻밖에도 큰 상을 수상했다. 재미있는 사실은 수상작의 아이디어를 광고 디자인 수업에서 연습한 발상법, '낯선 두 대상의 결합'에서 얻었다는 것이다.

이후 오랜 시간 광고 제작 일을 하고 있지만 이 발상법은 여전히 진가를 발휘하고 있다.

작년에 제작한 제약 회사의 비타민 광고도 제품의 둥근 모양을 볼링공으로 연결해 아이디어를 풀어냈다. 볼링공이 시원하게 핀을 쓰러뜨리는 모습을 둥근 비타민 알약을 먹고 통증이 사라져 개운해 하는 소비자의 모습과 대치한 것이다. 약과 볼링. 알약과 볼링공. 진통 효과와 스트라이크. 이렇게 멀어 보이는 개념들을 중매해 짝지어주면 신선하면서도 기억하기 쉬운 광고가 탄생한다. 광고주의 반응도 좋았고, 소비자들이 광고로 제품을 잘 기억한 덕분에 매출 상승으로까지 이어졌다.

약과 볼링. 알약과 볼링공. 통증 스트라이크!

액티넘 EX 골드

광고뿐만이 아니다. 최근 캐나다에서는 컨테이너에 수영장 개념을 접목한 컨테이너 수영장이 대박을 쳤다. 2017년 캐나다 밴쿠버에서 열린 '홈+가든 쇼BC Home + Garden Show'에 등장한 '모드풀modpool'이 바로 그것이다.

폴과 데니스 래트넘Paul & Denise Rathnam 부부의 아이디어로 탄생한 '모드풀'은 일반 수영장과 달리 설치도 쉽고 가격도 싸다. 일반적인 수영장의 설치 비용은 8만~15만 달러(한화로 약 9,400만~1억 7,000만 원)에 이르지만 모드풀의 표준 가격은 3만 5,000달러(한화로 약 4,100만 원)로 훨씬 저렴하다.

모드풀은 이동이 간편하다는 장점도 있다. 되팔 수도 있고 이사를 갈 때 가져갈 수도 있다. 구매자가 원하면 온수 욕조를 추가할 수 있으며, 수온이나 조명 등은 스마트폰으로 작동할 수 있게 했다.*

원래는 짐을 싣던 곳에서 수영을 하고 있다니, 그야말로 컨테이너의 재발견이다. 언밸런스한 발상만으로도 흥미를 불러일으킨다. 목욕탕 콘셉트의 카페나 슈퍼마켓 콘셉트의 술집 등 소비자를 유혹하는 새로운 창업 아이템의 발상도 이와 유사하다.

---

*   Kevin Giffin, Shipping containers turned into backyard pools by Abbotsford couple, <Vancouversun>, 2017년 6월 19일

크리에이티브는 단련된다

컨테이너와 수영장의 결합보다 시원한 것은 아직 보지 못했다.

뻐꾸바선

컨테이너 수영장

언젠가 순전히 가수의 이름이 귀에 걸려 노래를 찾아 들어본 적이 있다. '생각의 여름'이라는 가수다. 생각의 여름이라니 무슨 의미지? 생각에도 여름휴가가 필요하다는 뜻인가? 단어의 순서를 바꿔도 재미있다. '여름의 생각.' 여름은 어떤 생각을 하고 사는 걸까?

고대 그리스의 철학자 아리스토텔레스에게 "창조성의 근원은 무엇입니까?"라고 묻자 그는 "은유(메타포)"라고 대답했다. '그녀의 눈동자는 맑은 호수다'처럼 전혀 상관이 없는 눈동자와 호수를 연결했을 때 새로운 감각적 이미지가 탄생한다는 것이다. 훌륭한 은유일수록 개념끼리 서로 멀리 떨어져 있다고 아리스토텔레스는 말했다.

'생각'과 '여름'처럼 상관없는 두 단어의 조합을 통해 엉뚱한 호기심을 불러일으켰다면 절반은 성공이다. 그래서 생각이 떠오르지 않을 땐 일단 펜을 들고 그럴듯한 단어 두 개를 붙여 써본다. 꼭 은유가 성립되지 않아도 괜찮다. 개념끼리의 거리가 멀면 멀수록 뇌는 둘 사이의 스토리를 완성해내기 위해 점점 부지런해질 것이다.

연습을 해보자. 시작은 '생각의 여름'이다. 같은 조건으로 계속해서 끝단어 잇기를 해나가는 것이다.

크리에이티브는 단련된다

생각의 여름, 여름의 박수, 박수의 외침, 외침의 침묵, 침묵의 이불, 이불의 반란, 반란의 양말, 양말의 고독, 고독의 속내, 속내의 외출, 외출의 모자, 모자의 어항, 어항의 자랑, 자랑의 약속, 약속의 휴식, 휴식의 컬러, 컬러의 킬러, 킬러의 비듬, 비듬의 방황, 방황의 사탕, 사탕의 울음, 울음의 탁자, 탁자의 야망, 야망의 치약, 치약의 웃음, 웃음의 갈등, 갈등의 계단, 계단의 우물, 우물의 반격, 반격의 숫자, 숫자의 나이, 나이의 풍경, 풍경의 질투, 질투의 노을, 노을의 낮잠, 낮잠의 질문, 질문의 건강, 건강의 입술, 입술의 퇴근, 퇴근의 모양, 모양의 탄생, 탄생의 분노, 분노의 달력, 달력의 근력, 근력의 태만, 태만의 낮술, 낮술의 출근, 출근의 칼날, 칼날의 마음, 마음의 욕조, 욕조의 끈기, 끈기의 태양, 태양의 낙서, 낙서의 항구, 항구의 행복, 행복의 양파, 양파의 자살, 자살의 편식, 편식의 보트, 보트의 오만, 오만의 속살, 속살의 농담, 농담의 진심, 진심의 미래, 미래의 얼음, 얼음의 미소, 미소의 불만, 불만의 식탐, 식탐의 질투, 질투의 가방, 가방의 산책, 산책의 상상, 상상의 변비, 변비의 두뇌, 두뇌의 낭만, 낭만의 바닥, 바닥의 고백, 고백의 파도, 파도의 축복, 축복의 넓

이, 넓이의 깊이, 깊이의 길이, 길이의 두께, 두께의 은퇴,

은퇴의 요리, 요리의 결심, 결심의 반항, 반항의 변명, 변

명의 비누, 비누의 주장, 주장의 비율, 비율의 우산, 우산

의 목젖, 목젖의 결심, 결심의 숨결, 숨결의 머리, 머리의

여유, 여유의 우유, 우유의 비명, 비명의 눈치, 눈치의 서

재, 서재의 대답, 대답의 추위, 추위의 생각…

색다른 단어의 조합에서 재미있는 발견을 했으면 좋겠다는 생각에 장황하게 담아보았다. 이렇게 순간순간 떠오르는 단어들을 결합하다 보면 독특한 표현이 나타난다. 어떤 단어의 조합은 이야기를 풀어가는 시작이 될 수도 있다. 어떤 묶음은 문제를 해결해주는 결정적인 열쇠가 될 수도 있다.

세상 모든 것을 짝지어보자. 원래 짝이었던 것 말고, 어울릴 법한 것들 말고. 세상에는 낯선 조합의 수만큼이나 놀라운 발상의 수가 있다. 낯선 만남을 두려워하지 말자.

크리에이티브는 단련된다

금붕어 + 망치 = ?
선풍기 + 기린 = ?
자전거 + 양파 = ?

어떤 묶음은
문제를 해결하는
결정적인 열쇠가 될 수도 있다.

크리에이터의
크리에이터

빈센트 반 고흐의 〈별이 빛나는 밤〉을 모르는 사람은 별로 없을 것이다. 많은 이에게 사랑받는 명화인데, 특히 강렬한 형태, 색채 왜곡, 소용돌이치는 붓 터치 등이 돋보인다.

독특한 붓질로 이루어진 고흐의 신선한 화풍은 어떻게 탄생했을지 늘 궁금했다. 모든 전설에는 다 시작이 있으니 말이다.

고흐는 일본 풍속화인 우키요에 浮世繪(일반적으로 여러 가지 색으로 찍은 목판화 '니시키에'를 말하는 경우가 많다)에서 영감을 받아 자신만의 화풍을 창조했다고 한다. 밝고 선명한 색채, 비대칭의 대담한 구도, 명암을 제거한 평면성 강조 등이 우키요에의 주된 특징인데, 고흐의 작품에서도 이런 요소들을 발견할 수 있다.

〈수련〉 연작으로 유명한 모네, '무희의 화가'라 불리는 드가도 우키요에의 영향을 받은 작가들이다. 로댕의 제자로 알려진 카미유 클로델은 우키요에를 조각으로 만들기도 했다. 또 일본 우키요에 화가 가쓰시카 호쿠사이葛飾北斎가 남긴 유명한 작품 〈가나가와 해변의 높은 파도 아래〉는 많은 유럽인의 사랑을 받았는데, 드뷔시의 관현악곡 〈바다〉의 모티프가 된 동시에 악보 표지 그림으로도 실렸다.

에도시대에 시작된 우키요에는 사실 서민들의 문화였고, 주로 유흥 안내나 관광 정보를 제공하기 위해 그려졌다고 한다. 요즘으로 치면 신문 사이에 끼어 오는 전단지라고 보면 된다. 간혹 독특한 아이디어나 디자인으로 눈에 띄는 것도 있지만 어쨌든 전단지이니 대량으로 찍어냈고 예술적 가치가 있다고 평가받지는 못했다. 그래서 당시에는 도자기 같은 수출품의 포장지로 남아도는 우키요에를 사용했다.

그러던 1867년, 프랑스 파리에서 만국박람회가 열렸을 때 일본 도자기를 싸고 있던 우키요에가 인상파 화가 모네의 눈에 띈다. 모네는 위대한 발견을 한 듯 우키요에의 빼어난 소묘력素描力에 넋을 잃었다고 한다. 대담하고 파격적인 구도, 강렬한 색

채, 과감하게 단순화한 선, 평면적인 디자인 등 이전 유럽 그림에선 보지 못한 놀라운 요소들이 가득했기 때문이다.

그때부터 우키요에의 가치는 예술적으로 높이 평가되기 시작했다. 우키요에는 고전주의에 찌든 예술가들에게 적지 않은 자극을 주었다. 기존 작업에 한계를 느끼고 새로움에 목말라 하던 유럽의 예술가들에게 낯선 동양의 그림은 한줄기 비와 같았다. 그리고 그 빗줄기는 커다란 영감으로 이어져 세상에 없던 작품을 마구 탄생시켰다.

세계적으로 유명한 유럽 인상파 작가의 작품들이 알고 보니 19세기 일본의 싸구려 채색 목판화에서 힌트를 얻었다는 사실은 나에게 큰 충격을 안겨주었다.

기존 작품이나 제품을 똑같이 따라 했다면 표절이 되지만, 대상에게 깊은 자극이나 큰 영감을 얻어 충분한 궁리 끝에 새롭게 재해석한 결과물은 크리에이티브한 작품이라고 평가한다. 크리에이티브 발상에서 재해석의 힘은 그래서 중요하다. 단순히 따라 하는 것이 아니라 나만의 시각과 개성으로 크리에이티브 근력을 단련해나가야 한다.

모네 역시 새로운 작품을 구상하며 다양한 자료를 수집하다

크리에이티브는 단련된다

가 우연히 발견한 포장지 그림에서 거대한 아이디어를 떠올렸을 것이다. 자기만의 방식으로 우키요에를 해체해보고 변형해보는 등 온갖 시도를 하지 않았을까. 그러다 마침내 인상파라는 놀라운 화풍을 만들어내고 말았으리라.

"위대한 예술가는 훔친다"는 말을 남긴 피카소도, '편집의 달인'으로 불렸던 스티브 잡스도 우리에겐 위대한 크리에이터로 기억되고 있다는 사실을 되새겨본다.

"위대한 예술가는 훔친다"는 피카소,
재해석의 힘을 믿는다.

레퍼런스의
레퍼런스

광고 회사 CD로 가장 많이 하는 일이 광고주에게 광고 제작 시안을 설명하는 것이다. 다양한 연령대의 포커페이스를 장착한 임원들과 유튜브를 비롯한 영상 매체를 일상적으로 접해 광고대행사 제작팀 이상으로 트렌드에 밝은 브랜드 홍보 담당자들이 대체로 나의 고객이다. 이런 사람들에게 앞으로 몇 억의 제작비를 들여 만들 광고 시안을 팔기란 쉽지 않은 일이다.

그래서 시안의 이해도를 높이기 위해 광고 참고 자료인 일명 '레퍼런스reference'라는 것의 도움을 받는다. 이를테면 볼링을 소재로 한 비타민 광고 신규 제작안을 설명하면서 영화 〈위대한 레보스키THE BIG LEBOWSKI〉의 한 장면을 보여주는 식이다. 영화의 주인공인 레보스키는 친구들과 볼링을 즐겨 친다. 인트로에서부터 볼링공이 강렬하게 굴러가는데 그 장면을 레퍼런스로 제시하는 것이다.

그러다 보니 보통의 광고 시안 브리핑 현장에서는 으레 이런 말이 들린다.

"일단 레퍼런스를 보시죠."

"이번 광고는 방금 보신 레퍼런스를 참고해서… 이렇게 저렇게 만들어질 예정입니다."

레퍼런스 덕에 광고주가 쉽게 이해하면 그 레퍼런스에 한없이 고마워지는 게 사실이다. 하지만 예전에는 의문을 가진 적도 있었다. 진정한 크리에이터라면 레퍼런스에 기대지 말고 자신의 순수한 생각만으로 '짠' 하고 세상에 없던 아이디어를 내놓을 수 있어야 하는 것 아닌가? 이미 존재하는 레퍼런스들을 참고하지 않고서 무언가를 새로 만들기란 불가능한가?

같은 고민을 다른 제작팀에서도 했는지, 레퍼런스 없이 광고 시안을 설명하는 '레퍼런스 없이 회의하기' 운동이 전개되기도 했다.

그러나 우리가 무에서 유를 창조하는 크리에이티브 조물주가 아니라는 사실에 절망하지 말자. 세상 모든 것은 레퍼런스의

크리에이티브는 단련된다

레퍼런스의 레퍼런스의 레퍼런스의 레퍼런스다.

애플뮤직에서는 유명한 가수의 노래를 한 곡 검색하면 그 가수와 연관된 다른 재생목록이 함께 검색된다. 먼저 중요도순으로 해당 가수의 곡을 세 가지 항목으로 나누어 보여준다. 첫 번째는 ESSENTIAL, 말 그대로 꼭 들어야 할 베스트 곡이다. 다음은 NEXT STEPS로 베스트 외에 추천할 만한 곡, 마지막 세 번째는 DEEP CUTS, 유명하진 않지만 앨범 속에 숨어 있는 명곡을 알려준다.

여기서 끝이 아니다. 진짜 흥미로운 재생목록은 이 두 가지다. INSPIRED(내 가수가 영향을 준 곡들)와 INFLUENCES(내 가수가 영향을 받은 곡들).

이 재생목록은 애석하게도 그 아티스트가 내가 좋아하는 비틀스의 존 레논처럼 세상을 떠났거나 혹은 오아시스처럼 활동을 중단해 더 이상 앨범을 내놓지 않을 때 빛을 발한다. 애정하는 '풍'의 곡을 더 듣고 싶은데 프레디 머큐리가 남긴 창조물은 한정되어 있기 때문이다. 서로 영향을 주고받은 플레이리스트를 듣다 보면 훌륭한 음악가들의 유산이 더없이 풍부하게 느껴진다.

애플뮤직이 이렇게 영향을 주고받으며 탄생한 음악을 함께 큐레이션하는 건 재창조 없이는 창조 역시 없음을 알기 때문이다. 존 레논은 세상을 떠났고 1986년 이후 비틀스의 신곡은 나오지 않았다. 하지만 그들에게 영향을 받은 수많은 콘텐츠들이 그 생을 이어간다.

우리는 모두 누군가의, 무언가의 영향을 받으며 살아가고 있다. "거인의 어깨 위에 올라서라"라는 말처럼, 성공한 위인이나 선배의 작품과 생각에서 자극을 받고 영감을 얻는다. 그리고 자신만의 상상력을 더하고 재편집해 새로움을 찾아간다.

어떤 광고 시안 브리핑 현장에선 우리의 재창조가 누군가의 레퍼런스로 등장하고 있을지도 모른다. 영향을 받기만 하는 것이 아니라 영향을 주는 크리에이터가 되기 위해 오늘도 재창조에 힘쓴다.

세상 모든 것은
레퍼런스의
레퍼런스의
레퍼런스의
레퍼런스의 레퍼런스다.

익숙함보다 위험한
무모함은 없다

어린 시절 한번쯤은 크레파스로 그림을 그려보았을 것이다. 대부분이 사람 얼굴을 칠하라고 하면 1초의 망설임도 없이 살색 크레파스를 집는다.

그런데 '살색'이라는 단어의 의미를 알고 나면 이 단어가 얼마나 위험한 표현인지 실감하게 된다. 살색이라는 색상은 피부색이 우리와 다른 외국인에겐 지극히 차별적인 말이기 때문이다. 검은 피부를 가진 사람에겐 검은색이 그들의 살색이고, 하얀 피부를 가진 사람에겐 하얀색이 그들의 살색이다.

어느 날 신문에서 우리나라에 일하러 온 외국인 노동자들이 피부색이 다르다는 이유만으로 차별을 받는다는 기사를 읽다가 문득 살색 크레파스가 떠올랐다. 당시 나는 막 디자인을 전공하고 광고 회사에 입사한 신입 사원이었다. 크레파스를 비롯해 물감, 색연필 등의 칠감에 한자리를 차지한 살색의 존재를 누구보다 잘 알고 있었다. 그렇게 모두가 당연하게 써오던 살색이라는 명칭은 내가 만든 한 광고를 계기로 '살구색'으로 싹 바뀌게 되었다.

"모두 살색입니다"라는 제목의 이 공익광고는 하얀색, 살구색, 검은색의 크레파스만을 보여주며, 외국인 노동자도 피부색만 다른 소중한 사람이라는 메시지를 담담하게 담았다.

영광스럽게도 이 공익광고는 2001년 대한민국공익광고공모전에서 대상을 받았다. 개인적인 영예도 얻었지만 그보다는 잘못인지도 모르고 사용하던 위험한 어휘를 바른 단어로 바꾸는데 한몫했다는 사실이 기뻤다.

지금도 우리 주위에는 여전히 이런 위험한 익숙함이 도사리고 있다. 직사각형의 포스터 역시 익숙함의 산물이다. 그래서 나는 유니세프를 위해 새로운 형태의 포스터를 제작했다. 포스터에는 집이 없는 아이가 거리에서 자고 있는 모습이 인쇄되어 있다. 아이는 포스터의 한쪽 끝을 이불처럼 덮고 있다. 직사각형 포스터를 삼각형 형태로 바꾸어 주목도와 경각심을 높인 것

위(왼쪽) 이 광고를 계기로 살색 크레파스는 살구색이 된다.
위(오른쪽) 포스터의 형태를 바꾸면 누군가에게 이불이 된다.
아래 익숙한 지하철 역사 기둥에 포스터를 붙이는 순간 마트가 된다.

이다. 벽이나 바닥에 부착된 낯선 모양의 포스터는 지나가는 사람들의 눈길을 끌기에 충분했다. 이 광고 포스터는 2009년 칸 라이언즈에서 쇼트리스트shortlist를 수상했다.

이보다 앞선 2008년 칸 라이언즈에서 브론즈bronze를 수상한 홈플러스 옥외광고도 익숙한 공간에 낯선 시도를 더해 좋은 반응을 얻은 케이스다. 매일 아침저녁으로 의미 없이 지나치는 지하철 역사의 무수한 기둥들을 실제 홈플러스 매장처럼 꾸며 사람들의 시선을 사로잡았기 때문이다.

보통 건물을 지을 때 재료로 쓰이는 익숙한 벽돌도 다른 용도를 생각해보면 수십 가지 가능성이 떠오른다.

- 변기 물 낭비 방지 용도
- 자동차 언덕 주차 시 타이어 받침
- 아령 대용 운동기구
- 여름용 시원한 베개
- 망치 대용
- 종이가 바람에 날리지 않도록 하는 고정하는 문진文鎭
- 위험한 상황에서 무기로 사용

- 산 위에서 음식 조리 시 냄비 두껑 눌러주는 용도

- 현관문이나 문을 열어둘 때 고정시키는 용도

- 돈가스 고기 다지기용 주방 도구

- 비상 탈출 시 유리창 깨기용

- 안 열리는 문고리 깨기용

- 스마트폰 거치대

- 위에 예쁜 물건을 올릴 수 있는 인테리어 용품

- 다리 높이가 안 맞는 테이블이나 의자 높이 조절 용도

- 길이를 재는 자 용도

- 직사각형 그리기용

- 차력에서 손이나 머리로 깨는 용도

- 사포 용도

- 주차장 자리 선점 표시

- 손빨래 방망이 용도

- 고문 도구

- 커피나 차를 마실 때 잔을 놓는 티 테이블 용도

- 가운데 홈을 파서 화분으로 사용

- 조각 작품을 만드는 재료

- 갈아서 물감 재료로 활용

크리에이티브는 단련된다

- 가방에 넣어 무게 사기 치는 용도
- 주방 도마 역할
- 필기구 역할
- 그림을 그리는 캔버스 용도
- 다리미 용도
- 달궈서 뜨거운 물 만드는 용도
- 미니 의자
- 잘게 갈아서 흙으로 활용
- 글씨를 써서 간판이나 문패로 활용
- 미술 작품 패턴을 찍어내는 용도
- 장난감 용도
- 게임용
- 협박용 무기
- 구멍을 내는 도구
- 청바지 워싱 도구

　　익스플로러나 사파리를 쓸 것이냐 크롬을 쓸 것이냐? 익스플로러나 사파리는 PC를 사면 기본적으로 깔려 있는 브라우저인 반면 크롬이나 파이어폭스는 사용자가 직접 PC에 세팅해야 한다. PC를 주어진 환경대로 쓰는 사람과 원하는 환경을 주도적으로 만들어 사용하는 사람은 업무 성과나 만족도에서도 차이가 난다.

당연하게 주어지는 것들을 의심해보자. 길들여진 생각을 늘 경계하자. 익숙함으로부터의 탈출을 망설이지 말자. 변화를 만들어내는 것은 자발적 의지다. 익숙한 일상에 무모한 시도를 더 하지 않으면 익숙함 자체가 위험한 무모함이 될 수 있다. 크리에이터에게 가장 위험한 적은 바로 익숙함에 길드는 것이기 때문이다.

익숙함으로부터의 탈출을
망설이지 말자.
변화를 만들어내는 것은
자발적 의지다.

타이포그래피에
포르노그래피를 더하다

대학 시절, 타이포그래피 수업 때였다. 같은 수업을 듣는 다른 친구들은 디자인적으로 타이포에 접근해 그리드에 자간, 행간을 맞춰가며 수준 높은 작업을 하고 있었다.

하지만 나는 그렇게 오랜 시간 자리에 앉아 작업에 파묻히고 싶지 않았다. 그저 엉뚱한 타이포그래피를 만들고 싶었다. 안 하던 짓을 좋아하기도 하고, 무엇보다 평범하게 과제를 하고 싶지 않았기 때문이다. 그래서 카메라를 메고 거리로 나가봤다.

간판이 넘쳐나는 명동을 걷는데 갑자기 현기증이 났다. 수많은 인파의 소음 때문인지 간판이 더 정신 사나워 보였다. "우리 가게로 오세요!"라고 외치는 애절한 절규처럼 들렸다.

그 무지막지한 간판을 시끄러운 소리라고 인지하다가 순간

크리에이티브는 단련된다

포르노그래피가 떠올랐다. 포르노는 영상도 충격적이지만 화면에 올라탄 신음이 더 자극적이다. 수많은 간판에서 느낀 시각적 소음이 포르노그래피의 야한 신음과 연결된 것이다. 이게 뭐지 싶어서 영어로 타이포그래피와 포르노그래피를 써 봤다.

Typography + Pornography = Typornography

이렇게 절묘할 수가. typography와 pornography를 더해서 이으면 typornography가 되었다.

'이거다' 하는 촉이 왔다. 발상이 잡히는 순간 과제의 실마리가 풀렸다. 그때부터 부지런히 거리의 간판을 카메라에 담기 시작했다. 간판 장인이 손으로 직접 쓴 것 같은 붓글씨 느낌의 명조체부터 재단하듯이 만든 정체불명의 고딕체까지, 서체도 가지가지고 색의 구성도 화려하고 다양했다.

그렇게 이 동네 저 동네에서 모아 온 간판의 타이포들을 해체하고 조합해 사람 형상의 타이포로 만들었다. 그리고 포르노그래피에 나오는 흔한 체위를 구현해 그럴듯한 타이포르노그래피를 만들어나갔다. 사람 형상의 타이포 덩어리 위에 신음을 더하니 묘한 영상물이 만들어졌다. 타이포라는 시각 요소와 타이포를 소리로 구현한 청각 요소의 만남은 그야말로 '판타스틱' 했다.

타이포르노그래피 과제물은 교수님에게 꽤 좋은 평가를 받았다. 발상이 엉뚱하기도 했지만 어지럽게 늘어선 거리의 간판을 시각 소음이라는 청각으로 해석한 부분을 좋아하셨다. 그리고 그 청각 요소를 포르노의 사운드와 연결해 의외의 비주얼로 구현한 참신함을 흥미롭게 봐주셨다.

이 과제물이 어느 외장하드 안에 잠들어 있는지 흔적을 찾지 못해 지금은 추억으로만 남아 있지만, 지금 생각해보면 그때의 발상은 꽤 광고적인 접근이었다. 국어 시간에 수학 공부를 하듯이 타이포그래피 수업 시간에 나는 광고 발상 훈련을 했던 셈이다.

타이포그래피에
포르노그래피를 더하니
타이포르노그래피가 되었다.
이렇게 절묘할 수가.

남들보다
딱 반보만 앞서가라

시대를 너무 앞서가는 사람은 그 시대에 성공을 못한다. 운이 좋으면 사후, 세월이 한참 흐르고 흐른 뒤 후세에게 인정받기도 하지만 생전에 부와 명예를 얻기는 쉽지 않다. 동시대 사람들의 공감과 동의를 얻는 데 실패한 탓이다. 너무 생소한 처음을 던지면 그 어색함이 오히려 부작용이나 역효과를 불러올 수 있다.

페이스북보다 먼저 만들어졌지만 대중에게는 외면당한 소셜 네트워크 서비스 '캠퍼스 네트워크campus network'가 대표적인 사례다. 컬럼비아대학교 학생들이 만든 캠퍼스 네트워크는 기능 면에서 페이스북을 압도했다. 초기 페이스북은 기본 프로필 설정과 친구 맺기, '좋아요' 정도만 가능한 온라인 인명록 수

준에 머물러 있었다. 이에 반해 캠퍼스 네트워크는 초창기부터 사진 공유나 프로필에 코멘트하기, 최근 활동 보기 등의 기능이 있어서 네트워크 안에서 일어나는 일을 누구나 쉽게 알 수 있었다.

그러나 이런 뛰어난 기능이 무색하게도 캠퍼스 네트워크는 페이스북과의 경쟁에서 완패했고, 캠퍼스 네트워크의 그 기능들이 훗날 페이스북에는 엄청난 성공을 가져다주었다.

페이스북보다 기능 면에서 월등했던 캠퍼스 네트워크는 도대체 왜 별다른 호응을 얻지 못한 채 사라졌을까?

아이러니하게도 그 기능이 문제였다. 이전에 경험하지 못한 색다른 기능을 한꺼번에 제공하는 바람에 사용자들에게 오히려 과부하가 걸린 것이다. 반면 페이스북은 다소 빈약해 보이지만 사용자들에게 친근한 기능부터 시작해 새로운 기능들을 하나씩 더해나갔다. 캠퍼스 네트워크가 이미 선보였던 '담벼락'이나 '최근 활동 보기' 등의 기능을 단계적으로 업데이트했고, 결과는 대성공이었다. 익숙함과 낯섦 사이에서 균형을 잘 잡으며 소비자에게 다가간 전략이 제대로 먹힌 것이다.

그래서 혁신적인 아이디어, 시대를 앞서가는 아이디어를 이야기할 때 제일 중요하게 따져야 할 부분이 바로 '공감이 탑재되었는가'다. 나만 아무리 기발하다고 주장해봤자 대중의 반응이 없거나 상품성이 떨어져 매출로 이어지지 않는다면 그 아이디어는 좋은 아이디어가 될 수 없다.

우리가 흔히 말하는 '퍼스트 무버'에게는 공통점이 있다. 기존의 낡은 생각을 완전히 뒤집기보다는 사람들의 동의가 이루어질 수 있는, 공감대가 형성된 가장 꼭대기에 새로운 생각을 툭 던져놓는다는 것이다. 물론 현재 상황이나 상품의 문제점을 철저하게 분석하고 연구한 끝에 이루어지는 일이다.

크리에이터는 최초의 시도와 다수의 동의 사이에서 끊임없이 아슬아슬한 줄타기를 하며 고민해야 하는 존재다. 시대에 뒤떨어진 채 남들 뒤꽁무니만 따라다니면 안 되지만 그렇다고 혼자서만 저만치 달려나가면 공감을 얻을 수 없다. 새로운 각을 찾아내는 '직관력'과 공감 포인트를 찾아내는 '통찰력'을 갖추려면 현실에 발을 딛고 서 있으면서도 크리에이티브를 낳는 그 물질을 게을리하지 말아야 한다.

박수받는 크리에이티브를 잘 살펴보면 '낯섦'은 어디까지나 양념에 불과하다. 메인 재료는 누구나 공감할 수 있는 '익숙함'

이다. 여기에 '어, 이건 뭐지?' 하는 의아함 한 방울을 더해주는 것이다. 그러면 사람들은 세상에 없던 새로운 음식을 만난 것처럼 "정말 기막힌 맛이야!"라며 그 크리에이티브를 한 그릇 싹싹 비운다.

재미있게도 'creative'라는 단어에는 'eat'이 들어 있다. 사람들이 맛있게 먹을 수 있어야 좋은 크리에이티브라는 증표 아닐까.

공감대가 허락하는
맨 앞을 찾아
그 자리에 서라!

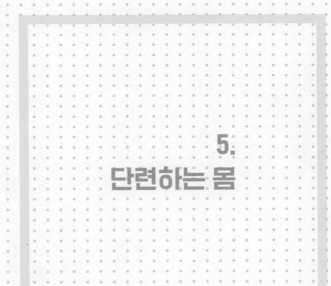

5.
단련하는 몸

번아웃을
아웃시키는 몸짓

일본 영화 〈쉘 위 댄스〉에는 기계적인 직장 생활을 수십 년간 견디다 무기력증에 빠진 중년 아저씨가 주인공으로 나온다.

이 영화를 우연히 보게 되었을 때 나는 입사한 지 1년도 채 되지 않은 20대 청춘이었지만 그 아저씨에게 쉽게 감정이입을 할 수 있을 만큼 심각한 번아웃 상태였다. 입사 직후부터 매일 야근이 이어지자 패기 넘치던 신입 사원에게도 번아웃은 아주 금방 찾아왔다. 번아웃 증후군을 극복하려면 일단 좀 쉬고 놀아야 하지만, 애초에 그럴 수 있었다면 번아웃이 되지도 않았을 것이다.

퇴근 후 집에 가자마자 침대와 한 몸이 되는 대신에 춤을 추러 가겠다는 생각을 어떻게 했는지 모르겠다. 아무튼 나는 〈쉘 위 댄스〉에 너무 심하게 이입을 한 나머지 스포츠댄스 학원을 찾아가기에 이르렀다. 중년 남성은 단 한 명도 없던 댄스 교실에서 어색함을 극복하고 댄스의 순수한 즐거움에 눈뜨는 영화 속 주인공처럼 나도 뭐든 좋으니 즐거움을 찾고 싶었다. 극적인 스토리 전개가 내 마음속에 잠든 춤바람을 깨웠다고나 할까.

학원은 회사에서 적당히 떨어진 15분 거리에 있었다. 그렇지만 혼자 다니기는 부끄러워서 회사에서 친한 선배—내 광고 인생 첫 사수로 지금도 친하게 지낸다—를 꼬드겨 같이 학원에 등록하기로 했다. 앗싸.

설렘도 잠시, 댄스 학원 문을 연 순간 수많은 시선이 우릴 향하자 금세 기가 죽었다. 선배와 나는 '이건 좀 아닌 것 같지…'라는 눈빛을 주고받은 후 황급히 도망쳐 나오려 했다. 하지만 예사롭지 않은 포스의 댄스 선생님은 우리를 놓치지 않았다. 어색하게 뒷걸음질하는 선배와 나를 향해 날렵하게 다가와서는 밝은 미소를 지으며 상담실로 이끌었다.

"스포츠댄스는 남녀가 한 쌍을 이루어 음악의 리듬에 맞춰 신체를 신명 나게 움직임으로써 미적 가치를 창조하는 멋진 스포츠예요. 미적 가치를 창조하는 스포츠라니 이 얼마나 의미 있고 아름다운 몸짓인가요."

스포츠댄스에 대한 선생님의 연이은 찬사에 우리는 금방 설득되고 말았다. 자기만의 댄스 철학이 확고한 분이라는 확신이 들었고, 결정적으로 선생님의 얼굴 위로 흘러내리는 순수한 땀, 그 댄스의 흔적이 나를 사로잡았다. 그렇게 나와 선배는 생전 처음 댄스 학원이라는 곳에 돈을 들여서 발을 들였다.

거대한 거울이 벽면을 채운 널찍한 댄스홀에서 포스 충만한 선생님과 마주하고 섰다. 남자는 나랑 선배 단둘뿐이었고 다른 수강생은 모두 여자분들이었다.

묘한 긴장감과 떨림 속에 첫 수업이 시작되었다.

선생님의 스텝은 군더더기 없이 간결했지만 힘이 느껴졌다. 기합 소리 또한 에너지 넘쳤다. 나도 모르게 온몸으로 선생님의 동작을 스펀지처럼 받아들였다. 아니, 빨아들이고 있었다. 물론 마음만 앞설 뿐 몸은 따라주지 않았다. 그래도 몸을 움직이면서 뿌려대는 땀이 이상하게 날 기분 좋게 했다. 뭐야, 완전 신나잖아! 나의 어설픈 동작들도 자신감 있는 움직임으로 바꿔주는 열정적인 선생님의 가르침에 힘입어 내 안의 댄스 본능이 불길처럼 일어났다.

한 시간 댄스 수업을 마치고 나니 온몸이 파김치가 되었다. 안 그래도 회사 일로 피로한 상태였는데 어디서 그런 힘이 났는지, 낮에 온천에서 요양이라도 하고 온 사람처럼 진심을 다해 지랄 발광을 떨었다.

그렇게 시작된 댄스 수업은 일주일에 두 번씩 이어졌다. 처음엔 이렇게 춤을 계속 추다 보면 에너지가 고갈되어 아무것도 못하게 될 줄 알았다. 그런데 오히려 영화 속 주인공 아저씨처럼 내 몸과 마음에 계속 일을 해나갈 수 있는 힘이 생기는 기분이었다. 일과 전혀 상관없는 무언가에 몰입하면서 새로운 활력이 생겼다.

바쁘게 돌아가는 업무 탓에 정해진 시간에 학원을 다니는 일상에 금세 제동이 걸렸다. 내 춤바람도 언제 그랬느냐는 듯 바람처럼 휘이휘이 사라져버렸다.

그래도 인생에서 번아웃을 자연스럽게 떨쳐내는 원리만큼은 확실히 체득했다. 굳이 이름을 붙이자면 '이번치번'이다. 열을 열로 다스리듯, '번아웃'은 '버닝'으로 다스려야 한다는 뜻이다.

번아웃 될 일 없는 평온한 날들만 이어진다면 좋겠지만 회사는 우리를 가만 놔두지 않는다. 꼭 업무 강도가 높은 일을 하

크리에이티브는 단련된다

고 있지 않더라도 마찬가지다. 누구에게나 지치는 순간은 온다. 전부 다 때려치우고 아무것도 하기 싫다고 느낀 적이 있다면 조금 다른 방식으로 스스로를 다스려보는 건 어떨까. 당신을 버닝시킬 의외의 대상을 찾아보는 것이다.

우리 모두에게는 스스로 생각하는 것보다 훨씬 큰 에너지가 잠들어 있다. 회사에서 야근하는 동안에는 죽은 듯이 자다가 댄스 학원에서 불타오른 내 댄스 에너지처럼 말이다.

'이번치번',
번아웃을 자연스럽게 떨쳐내는 원리.

러너스 하이와
크리에이티브 하이

워낙 먹는 것을 좋아한다. 맛있게 잘 먹어서 복스럽다는 이 야기도 많이 들었다. 내가 먹을 때의 행복감을 남들도 느낄 수 있는지, 손님이 없는 가게에서 혼자 맛있게 먹고 있으면 갑자기 사람들이 몰려들 정도다. 내가 먹는 모습이 왕갈비를 광고하는 홈쇼핑의 한 장면처럼 입맛을 돋우나 보다.

안타까운 사실은 많이 먹어도 살이 찌지 않는 체질이 아니란 거다. 먹는 만큼 몸에 정확히 반영된다. 그러다 보니 사회적으로 보기 좋은 체중과 건강을 유지하기 위해서, 먹는 것을 계속 좋아하기 위해서 뛰는 것이 좋아져야만 했다. 잘 먹기 위해 쳇바퀴처럼 러닝머신에 올랐단 소리다.

30분 이상 달리면 몸이 가벼워지고 머리가 맑아지면서 경쾌한 느낌이 드는 상태가 찾아온다고 한다. 바로 '러너스 하이 runner's high'다.

30분 넘게 달렸는데 몸이 가벼워진다니? 3분만 달려도 늪에 빠져드는 기분인데? 처음엔 와닿지도 않았고 맛보기도 쉽지 않았다. 그런데 러닝머신 달리기를 습관화하다 보니 어느 순간부터 러너스 하이를 자주 만나게 되었다.

토요일과 일요일 저녁 여섯 시 반이 되면 어김없이 레포츠 센터로 향한다. 운동복으로 갈아입고 간단한 스트레칭을 한다. 비장한 마음으로 러닝머신 위에 오른다. TV를 켜고 이어폰을 연결한다. 〈백종원의 골목식당〉의 백종원 대표가 국수를 후루룩거리며 맛있게 먹고 있다.

러닝머신의 경사도를 5.0으로 맞추고 걸음의 속도를 6.8로 시작한다. 10여 분을 빠른 속도로 힘차게 걷다 보면 80칼로리 정도의 열량이 태워진다. 곧이어 9.6의 속도(성인 남자도 꽤 빨리 뛰어야 하는 속도다)로 올리고 달리기 시작한다. 〈백종원의 골목식당〉을 보면서 다시 한번 내가 뛰는 이유를 되새긴다. 다가올 미래의 맛있는 한끼, 그 한끼를 위해서.

그렇게 5분 정도를 힘껏 달리다가 다시 6.8로 속도를 내리고 빠른 걸음을 이어간다. 빨리 걷고 뛰기를 한 시간 정도 반복하다 보면 500~600칼로리 이상이 몸에서 떨어져나간다.

이때 30여 분을 달리는 지점, 약 300칼로리 정도의 열량이 태워진 시점부터 몸에서 기분 좋은 에너지가 뿜어져 나온다. 힘들 법도 한데 설명 그대로 몸이 가벼워지고 머리가 맑아지면서 경쾌한 리듬이 몸을 타기 시작한다. 온몸이 땀으로 흠뻑 젖으면서 내 몸과 마음이 리셋되는 황홀한 상태를 맞이한다. 바로 그 '러너스 하이'였다.

러너스 하이를 처음 경험했을 때의 기분은 자동차 운전면허를 딴 뒤 연수를 마치고 난생처음 고속도로에 올라타 겁도 없이 시속 100킬로미터를 밟고 달렸을 때의 아찔함과 같았다.

러너스 하이를 만난 순간부터는 아무리 달려도 지치지 않을 것만 같다. 오히려 더, 더 달리고 싶다는 욕구가 정신을 지배한다. 이때의 의식 상태는 헤로인, 모르핀, 마리화나 같은 마약을 투약했을 때와 유사하다고 한다. 그러니 얼마나 중독적이겠는가. 때로는 러닝머신에서 내려오는 게 싫어지기도 한다.

러너스 하이까지 다가가기가 힘들지, 300칼로리를 넘어가는 순간부터는 심심찮게 700~800칼로리를 소진한다. '필' 꽂힌 날은 1,000칼로리까지 쏟아내기도 한다. 흠뻑 젖은 윗옷을 보면 운동을 제대로 했다는 안도감도 생기고 조금씩 단단해지는 허벅지를 보면 뿌듯함도 채워진다.

러너스 하이를 일주일에 두 번 정도 경험하고 있으니 한 달이면 대략 열 번에 가깝게 맛보고 있다. 1년이면 대략 120번꼴이니 1년 중 3분의 1 동안 러너스 하이를 즐기고 있는 셈이다. 먹는 즐거움을 지속하기 위해 시작한 러닝이 되레 먹는 것 이상의 즐거움을 주고 있다.

이 기분 좋은 순간을 만나기 위해서는 그만큼의 시간을 들여 빨리 걷거나 달려야 한다. 물이 끓기 위해서는 끓는점에 도달하기까지 시간이 필요하듯이 말이다.

좋은 아이디어를 얻기 위해 끊임없이 고민하고 좌절하고 다시 고민하는 과정도 이와 같다. 러너스 하이와 무릎을 탁 치게 하는 아이디어는 쉽게 얻어지지 않는다. 둘 다 꾸준함과 지구력이 만들어내는 결과물이다.

답이 보이지 않는 프로젝트를 하고 있을 때 고민에 고민을 거듭하다 꿈에서 답을 만난 적이 있다. 지칠 때까지 머리를 굴리고 굴리다 꿈속에서 생각의 임계점을 넘겨 마침내 아이디어를 얻은 것이다. 좋은 아이디어는 끊임없는 생각의 뜀박질 중에

크리에이티브는 단련된다

튀어나오는 일종의 러너스 하이다. 그리고 그 황홀함은 맛본 사람만이 안다.

　재미있는 사실은 생각의 근력이 몸의 근력과 연결되어 있다는 것이다. "건강한 육체에 건전한 정신이 깃든다"는 말처럼 몸의 상태가 좋아야 좋은 생각을 끄집어낼 수 있다.

　결국 크리에이티브를 단련하려면 몸이 먼저 단련되어야 한다. 대단한 기술이 필요한 것도 아니다. 러닝머신에서 빨리 걷거나 달리기만 해도 생각의 근력을 건강하게 키울 수 있다. 아이디어가 나오지 않아 답답하다면 지금 당장 운동화부터 신어보자.

러너스 하이와
무릎을 탁 치게 하는 아이디어는
쉽게 얻어지지 않는다.
둘 다 꾸준함과 지구력이 만들어내는
결과물이기 때문이다.

크리에이티브와
크루아상

매일 저녁 여덟 시면 TV에서는 어김없이 뉴스가 흘러나온다. 물론 TV를 켜지 않고 인터넷 창만 열어도 포털 메인이 별의별 뉴스를 다 띄워준다. 하도 뉴스거리가 많아 하나도 새로운 것이 없다. 그렇게 매일같이 무감각하게 '뉴스'라는 단어를 대한다.

NEWS는 동서남북 north, east, west, south 의 앞 글자를 따온, '사방의 소식'이라는 뜻일까? 아니면 단순히 new의 복수형으로 '새로움들'이라는 뜻일까? 이렇게 궁금해하며 news의 어원을 찾아보는 사람은 별로 없다.

그런데 일상에서 흔히 쓰는 말이라도 조금만 관심을 가지고 들여다보면 흥미로운 정보가 '짠' 하고 나타난다. 하루 종일 무미건조하게 내 입안을 오르내리던 단어도 호기심을 가지고 바라보면 신비롭게 다가온다. 예를 들어 business라는 단어는 busy와 관련이 있으리라고 쉽게 짐작할 수 있을 것 같은데 의외로 이 사실을 놓치는 사람이 많다. 이미 단어 자체에 여유가 없어서 그런지도 모르겠다.

궁금한 단어가 생길 때마다 서핑하듯 사전을 타고 넘어가며 어원을 찾아나가다 보니 어느덧 '사전 서핑'이 습관이 되었다.

하루는 나와 떼려야 뗄 수 없는 creative라는 단어가 너무 궁금해져서 사전을 뒤적였다. 재미있게도 내가 즐겨 먹는 크루아상과 크리에이티브의 어원이 같았다. 프랑스어인 크루아상 croissan은 영어로는 '초승달crescent'을 의미한다. crescent는 라틴어 crescere에서 유래했는데 이 단어는 '자라다, 성장하다, 기르다, 육성하다'와 같은 의미를 담고 있다. 왜 크루아상이 초승달처럼 생겼는지, 동시에 왜 '자라다'와 같은 의미가 들어 있는지 단박에 이해가 되었다. 초승달이 점점 자라 보름달이 되는 과정이 머릿속에 그려졌다.

crescent의 어원을 거슬러 올라가면 최종적으로 인도유럽 어족의 'ker'에 도달한다. 현대 영어로는 'grow'를 뜻하는 단어

크리에이티브는 단련된다

다. 여기서 또 하나의 놀라운 사실을 발견했는데, 한국어 '커지다'라는 단어에서 '커'가 인도유럽어의 'ker'와 발음이 똑같다는 점이다. 우리말 '커지다' 역시 자라난다는 성장의 의미를 담고 있음을 알 수 있는 대목이다. 이 부분에서는 사실 소름이 돋았는데, 이렇게 언어의 역사를 들추다 보면 종종 짜릿함을 맛보게 된다.

그리고 문제의 단어 creative는 'create'가 기본형인 동사다. create는 라틴어 creare에서 나왔다고 하는데 생김새만 봐도 crescere와 관련이 있어 보인다. creare는 '창조하다, 만들다, 생산하다' 같은 의미라고 한다. 단어들이 어떻게 연결되고 파생되었는지 큰 그림이 그려지지 않는가. 의미만 봐도 그 뿌리에 'ker'가 있을 듯하다. 이 말인즉슨, '크리에이티브'의 '크'는 우리말에서 '크다, 커지다'의 의미와 연결된다는 것이다. creative가 영어와 한국어로 같은 의미를 가진 소리를 낸다는 사실이 너무 신기한 동시에 기뻤다.

그렇게 생각하고 보니 크리에이티브라는 말은 성장과 가능성을 담고 있었다. 충분히 단련하면 계속 자라날 수 있는 것이 크리에이티브임을 어원이 증명해준 셈이다.

이렇게 단어 하나도 그냥 스쳐 보내지 않고 끌로 파다 보면 생각이 자연스레 팽창한다. 단어를 끌로 파는 행위는 눈앞의 뜻 하나를 아는 데 그치지 않고, 그 너머에 숨어 있거나 연관되어 있는 무수한 의미를 헤아려볼 수 있는 힘을 길러준다. 즉, 어떤 현상을 마주했을 때 현상 너머의 이면을 파헤쳐보는 습관이 길 러진다는 것이다.

크리에이티브는 멀리 있지 않다. 크루아상처럼 일상에, 손 뻗 으면 닿는 곳에 놓여 있다. 매일 쓰는 표현 하나에 호기심만 가 져도 생각을 확장하는 훈련이 된다는 사실을 기억하자.

크리에이티브는 단련된다

크리에이티브의 의미는
성장과 가능성.
단어 하나도 그냥
스쳐 보내지 않고
끌로 파다 보면
생각이 자연스레 팽창한다.

X와 Z 사이의
뿜

내 스마트폰 메인 화면은 네이버 '뿜'이다. 지극히 의도된 세팅이다. 시사 이슈나 문화 정보는 주로 신문에서 얻는 편이지만 젊은 세대가 즐기는 날것의 유머, 은어, 힙한 신조어 같은 것은 뿜을 자체 정기 구독하며 적극적으로 습득한다.

뿜에 올라오는 콘텐츠들은 일명 '짤'이라고 불리는, 반복되는 짧은 영상이나 GIF 형식의 사진이 대부분이다. 길이가 짧고 부담 없어서 지루하지 않게 빨리빨리 수시로 볼 수 있다. 이 좁은 땅덩어리에 유머를 장전한 사람이 어찌나 많은지 콘텐츠 회전율도 빠르다. 순수하게 즐기려는 의도로 이용자가 자체 제작한 콘텐츠가 많아서인지 정제되지 않은 맛이 있다.

뉴스로 배운 '스낵컬처'(언제 어디서나 간편히 즐길 수 있는 스넥처럼 짧은 이동 시간에도 쉽게 즐길 수 있는 새로운 형식의 문화 소비 트렌드)라는 개념을 X세대는 이렇게 노력을 통해 경험한다.

시중에 나와 있는 트렌드 리포트 서적을 읽는 것도 어느 정도 도움은 될 것이다. 그러나 우리가 광고를 어필해야 하는 타깃은 어디로 튈지 모르는 밀레니얼 세대와 Z세대다. 글로 배운 트렌디함이 통할 리 없다.

시간을 돌려 젊어질 수는 없으니 간접경험을 위해 젊은 후배들의 도움을 받기도 한다. 실생활에서 젊은 친구들이 모르는 말을 쓰면 그냥 넘어가지 않는 편이다.

어느 날 회사 후배가 말했다.

"저 오늘 동생이 취뽀 해서 같이 치맥 하러 갑니다."

'치맥'이야 이제는 익숙하고, '취뽀'는 솔직히 모르겠다. 하지만 절대 후배 앞에서는 모르는 티를 내지 않는다. 동생에게 무슨 사정이 있어서 치맥 먹으러 간다는 뜻이겠지, 하며 그 상황을 넘긴다. 그러고는 뒤돌아서자마자 초록창에 '취뽀'를 검색해본다. '취업을 뽀겠다 = 드디어 취업을 했다'는 말이란다. 뒤늦게 이해하고 득템이라도 한 것처럼 좋아한다.

많은 X세대가 나처럼 앞에서는 아는 체하고 뒤에서는 검색을 할 것이다. 지금도 내 스마트폰에는 신조어를 검색한 탭이 여러 개 떠 있다. 오놀아놈(오 놀 줄 아는 놈), 자만추(자연스러운 만남 추구), 애빼시(애교 빼면 시체), 혼틈(혼란한 틈을 타), 꾸안꾸(꾸민 듯 안 꾸민 듯), 보배(보조 배터리) 등이 최근에 검색한 단어들이다.

영어 단어 외우듯 학습한 신조어는 그냥 기억해두는 것으로 끝내선 안 된다. 아이디어를 설명할 때 마치 의식하지 않고 튀어나온 듯 능청스럽게 신조어를 녹여내야 한다. 그게 백미다. 광고주 팀장의 눈빛이 달라지는 것을 바로 알아챌 수 있다.

'아니, 나랑 나이는 비슷한데 오놀아놈이군!'

이렇게 생각하는 느낌이랄까.

한번은 한 광고주 사장님에게 보고를 하는 자리가 있었다. 원하는 시안을 팔기 위해 나는 열정적으로 말을 이어갔다.

"이렇게 광고가 나가면 젊은 소비자들은 우리 제품이 JMT라고 생각할 것입니다."

순간 사장님은 JMT가 일종의 마케팅 용어라고 생각했는지 옆에 앉은 직원에게 진지하게 물어봤고, 대답을 듣고는 호탕하게 웃었다.

　　　　　　　　크리에이티브는 단련된다

이렇게까지 해야 하나?

솔직히 이런 의문이 들 수도 있겠다. 그런데 지난 20년간 막내에서 팀장님으로, 청년에서 완연한 중년으로, 신분적 · 육체적 변화를 겪는 내내 광고주들의 요구는 한결같았다.

"요즘 젊은 친구들이 반응할 만한 걸로 만들어주세요."

수많은 광고주가 비슷한 요청을 하는 이유는 대개 브랜드가 젊고 활기차 보이기를 원하기 때문이다. 빙그레 바나나맛우유처럼 74년생 브랜드이든, 트렌디함이 중요한 G마켓이든 크리에이티브의 목표는 젊은 층을 움직이는 것일 때가 많다.

실제로 젊은 친구들의 코드를 이해하기 위한 부단한 발버둥 덕분에 태어난 광고가 있다.

2017년 여름 시즌을 맞이하면서 G마켓은 젊은 세대를 적극적으로 끌어들이기 위해 설현과 김희철을 모델로 한 새로운 캠페인을 준비했다. "G마켓이 하드캐리"라는 공격적인 슬로건을 바탕으로 5편의 시리즈 광고가 제작됐다. 이 캠페인은 당시 우리 팀의 막내 아트 디렉터가 가져온 그림 한 장에서 시작되었다. 무표정한 두 남자가 의자에 심드렁하게 앉아 있는데 그 위로 단조로운 음악과 반복적인 카피를 더해 보니 어딘지 모르게 중독적인 재미가 생기는 그림이었다. 거기에 설현과 김희철이

중독성이 있는 가사와 코믹 댄스로 몰입도를 높인 광고.
잘 찾아보면 김희철의 모습이 조금씩 다르다.

G마켓

하드캐리 캠페인

라는 아이돌이 등장하면서 결과적으로 젊은 타깃들이 좋아할 만한 힙한 콘텐츠가 만들어졌다.

설현과 김희철이 중독성 쩌는 노래를 부르며 무심한 표정으로 반복적으로 코믹 댄스를 춤으로써 광고의 몰입도를 높였다. 특히 "특가, 예뻐, 시원, 좋아" 같은 특정 메시지를 중독적인 리듬으로 계속해 들려주어 소비자들이 쉽게 따라 흥얼거리도록 유도했다. 설현과 김희철이라는 극강 비주얼의 모델을 오히려 병맛 캐릭터로 만든 것도 임팩트를 더했다. 이 시리즈는 유튜브와 페이스북에서 수백만 건의 조회 수를 기록했고, 하드캐리 패러디 영상물이 무수히 쏟아져 나왔다.

최근 93년생 인턴 사원이 우리 팀에 잠깐 합류한 적이 있다. 그동안 대학생 인싸들이 새내기들을 맞이할 때 "만반잘부!"라고 인사한다는 것을 나름 학습해놓은 상태였다. 그래서 인턴 사원을 처음 만난 날 자연스럽게 "만반잘부!" 하며 반갑게 인사를 건네고 싶었는데 실천에 옮기지는 못했다.

역시 쉽지 않다. 하지만 오늘도 X세대 부장의 고군분투는 계속된다.

'뿜'에서 아이디어 뿜어나오고
'짤'에서 아이디어 잘 나온다.

시작하기도 전에
시작한다

내 인생에서 가장 다행스러운 일을 꼽으라면 단연코 '아직 광고 일이 재밌다'는 것이다. 20년 가까이 해왔으면 지겨울 만도 한데, 새 광고 프로젝트를 맡으면 살짝 흥분까지 된다. 새로운 생각을 해야 한다는 그 설렘이 좋다.

작년에는 이런 일이 있었다. 한 부동산 앱 브랜드의 경쟁 PT를 하게 되었다. 브랜드 이름을 듣는 순간부터 내 뇌는 이미 움직이기 시작했다. 한번 시작된 생각은 자면서도 이어져서, 한밤중에 깨어나 그 생각들을 메모하기에 이르렀다. 새벽녘쯤 '이거다' 싶은 아이디어가 떠올랐고 노트에 생각들을 정리한 뒤 다시 잠을 청했다.

그런데 아침에 출근하니 그 회사 사정으로 경쟁 PT가 취소

되었다고 하는 게 아닌가. 아쉬움이 몰려왔다. 제대로 OT도 받기 전에 맡을 브랜드에 대한 고민을 시작하는 게 습관이 된 탓에 생긴 해프닝이었다.

일 중독이 아닐까 걱정했던 적도 있지만, 사실 아이디어 짜는 일 자체를 즐기다 보니 크게 힘들지는 않다. 오직 기발한 발상으로 광고주에게 기막힌 솔루션을 제공해주고 싶다는 생각만 가득하다. 나의 크리에이티브로 광고주와 광고를 볼 소비자들을 만족시킬 수 있다면 그걸로 충분하다. 이런 즐거운 강박이 내 생각의 발악을 재촉한다.

다소 성급했던 나의 발상 습관이 요즘 들어서는 오히려 절실한 태도가 되어버렸다. LTE를 넘어 5G 시대를 사는 만큼 크리에이티브 솔루션도 시대의 속도에 부합해 발 빠르게 나와줘야 한다. 광고주도 소비자도 로딩 시간을 기다려주지 않는다.

소셜미디어를 통해 수많은 뉴스와 정보가 실시간으로 공유되는 세상이다. 스크롤 한번 내릴 때마다 변하는 상황에 맞춰 크리에이티브도 달라져야 한다. 조금만 식상하거나 트렌드에 뒤떨어지면 반응하지 않는다. 빨라야 하고 짧아야 하고 튀어야 한다. 그래야 15초, 30초를 참고 봐주고, 아주 운이 좋으면 기억

크리에이티브는 단련된다

도 해준다. 순발력이 곧 경쟁력이다.

그러다 보니 '인풋'의 중요성이 더 커졌다. 광고를 제작할 브랜드에 대해 미리 공부해두면 크리에이티브에 대해 고민할 시간을 상대적으로 더 확보할 수 있다. 언제 어떤 브랜드를 맡게 될지 모르니 지금 내 광고주가 아니더라도 트렌드에 따라 다양한 브랜드에 관심을 두고 파악을 해두어야 한다.

웬 교과서 중심으로 철저히 예습, 복습 하라는 소리냐고? 어쩌겠는가. 옛날부터 기본에 충실하라 했고 아는 만큼 보인다 했다. 광고주가 필요로 하는 솔루션을 찾아내고 싶다면 광고주에 대해 알아야 한다. 말 그대로 시작하기도 전에 시작하고 있어야 제때 좋은 성적을 낼 수 있는 것이다.

더 빠르게, 짧게, 튀게

즐거운 강박으로

나를 단련하자.

끝날 때까지
끝난 게 아니다, 진짜로

아이디어를 발상하는 것만큼이나 중요한 것이 아이디어를 파는 일이다. 아이디어를 파는 데도 아이디어가 필요하다.

시각디자인을 전공한 덕분에 프레젠테이션을 위한 키노트를 만들 때 전체 구성이나 페이지 레이아웃에 대한 기본적인 디자인 감각은 없지 않다. 시안 성격에 맞게 폰트의 종류와 크기 선택에도 심혈을 기울인다. 아무리 좋은 아이디어라도 감각이 떨어지는 디자인으로 제시하면 왠지 후져 보인다. 반면 살짝 아쉬운 아이디어도 세련된 레이아웃이 더해지면 제법 그럴듯하게 보인다.

광고 콘티를 디테일하게 준비해야 유리한 시안이 있고, 몇 개의 컷으로 간략하게 정리해 광고주가 상상할 여지를 줌으로

써 득을 보는 시안도 있다. 이건 나만의 스타일이기도 한데, 보통 메시지나 키워드를 큼지막하고 짧게 써서 하나씩 화면에 띄운다. 그렇게 청자가 키워드에 집중하게 한 다음, 그 단어와 관련된 내용을 주목도 높게 설명하는 식이다. 필요에 따라 임팩트 있는 이미지 하나만 보여주면서 집중을 유도하기도 한다. 이런 과감한 전략이 먹혀서 광고주가 시안을 사기도 한다.

아이디어를 매력적으로 보여주기 위해 다양한 프레젠테이션 스킬을 익히는 것은 필수다. 내가 직접 노래를 부르면서 시안을 설명해야 하는 경우도 종종 있다. 중독성 강한 춤을 강조하는 시안은 직접 춤 동작을 보여주기도 한다. 연기력이 필요한 시안은 직접 콘티 속 배우에 빙의해 열연을 펼치기도 한다. 시안을 파는 자리에서는 광고주의 몰입도를 높이는 것이 무엇보다 중요하기 때문이다.

광고주의 웃음을 유도해내야 할 타이밍에는 적절한 유머를 날려야 하고 집중을 시켜야 할 때는 한 마디 한 마디에 진정성을 담아야 한다. 우리 팀에서 준비한 크리에이티브 시안을 기획 팀에게 설명할 때도 실전이라 생각하고 전심을 다해야 한다. 그런 열정이 없으면 듣는 사람이 감동받지 않는다. 평소 단련한 연기력과 경험치가 쌓여서 노련한 프레젠터가 되는 것이다.

물론 모든 상황이 생각대로 되는 것은 아니다.

얼마 전에도 완벽히 준비했다고 생각하고 광고주 사장님에게 최종 보고를 간 적이 있다. 이미 실무 담당자와 임원 PT에서 큰 박수를 받았던 시안이라 사장님 앞에서 진행할 최종 프레젠테이션도 자신 있었다.

그런데 PT 직전 준비한 키노트 파일이 제대로 작동하지 않아 당황스러운 상황이 벌어졌다. 반전 효과를 노린 시안이었는데 리허설 때처럼 그 맛이 살지 않았다. 준비한 대로 PT를 하지 못하다 보니 식은땀이 계속 흘러내렸다.

역시나 광고주 사장님은 우리 팀이 준비한 시안의 매력을 100퍼센트 캐치하지 못했다. 반전이 있어야 임팩트가 있는 시안인데 키노트가 구동되지 않아 모든 신을 다 드러내놓은 채 설명했으니 당연히 만족도가 떨어질 수밖에 없었다. 사장님은 아쉬운 점만 적나라하게 나열했다. 마음이 아팠다.

두 달 가까이 준비한 시안인데 파일이 제대로 열리지 않아 모든 걸 망쳤다. 아무리 재미있고 크리에이티브한 아이디어일지라도 결정적인 순간에 전달 과정에서 예상치 못한 위기가 찾아올 수 있다. 그래서 더 철저한 준비가 필요하다. 발생할 수 있

는 최악의 상황에 대해 모든 경우의 수를 따져보고 대비해야
한다.

준비한 시안을 원하는 대로 잘 전달해야 비로소 그 프로젝트
의 7부 능선을 넘는 것이다. 그러니 힘들게 준비한 안을 다 팔
기 전에는 절대 긴장감을 늦추지 말자. 끝날 때까지 끝난 것이
아니다, 진짜로.

크리에이티브는 단련된다

예상치 못한 위기
최악의 상황을 따져보고 대비하자.
우리에겐 더 철저한 준비가 필요하다.

가만있는 천재는
없다

2005년 가을, 캐나다 밴쿠버로 몇 주간 연수를 가게 되었다. 그중 주말 이틀을 이용해 밴쿠버와 가까운 시애틀로 혼자 여행을 갔다. 일단 스타벅스 1호점이 너무너무 궁금했고, 빌 게이츠가 사는 집도 시애틀에 있다고 해서 무작정 고속버스에 올랐다.

스타벅스 1호점에서는 우리에게 익숙한 녹색 사이렌 로고 대신 갈색 사이렌 로고를 쓰고 있었다. 낯선 새로움이 기분 좋게 밀려왔다. 갈색 사이렌 로고가 박힌 머그잔을 득템한 다음 아메리카노를 테이크아웃해서 호수 건너편, 빌 게이츠가 살고 있다는 저택을 한동안 멍하니 쳐다봤다.

사실 시애틀에 온 목적은 따로 있었다. 메이저리그 경기를 보기 위해서였다. 당시 시애틀 매리너스에는 최고의 타율을 자

크리에이티브는 단련된다

랑하는 멀티히트 신기록 보유자이자 외야 수비까지 일품인 스즈키 이치로 선수가 뛰고 있었다. 마침 매리너스의 주말 경기를 볼 수 있는 일정이었고 이치로 선수를 가까이에서 보기 위해 외야에 자리를 잡았다.

그날 경기의 승패는 이제 기억나지 않지만 아직도 생생하게 떠오르는 명장면이 있다.

매리너스가 수비를 할 때였다. 상대 타자가 타석에서 몸을 푸는 동안 다른 매리너스 선수들은 각자의 포지션에서 휴식을 취하거나 멍하니 공이 날아오길 기다렸다. 하지만 이치로 선수는 끊임없이 몸 여기저기를 스트레칭하면서 근육의 긴장을 풀고 있었다.

나중에 인터넷 기사를 검색해보고 알았다. 이치로 선수는 언제 어디로 공이 날아올지 모르기 때문에 갑작스러운 수비로 부상을 당하지 않기 위해 늘 그렇게 틈만 나면 스트레칭을 한다는 것이었다.

그냥 야구 감각이 남다른, 천부적 재능을 지닌 선수라고만 생각했다. 그런데 자기 관리를 저렇게 철저히 하고 있었다니. 그 모습을 내 두 눈으로 확인하고 나서는 이치로라는 선수가 이전과는 다르게 보였다. 꾸준한 자기 단련이 위대한 기록을 만들어냈던 것이다. 시애틀에서 메이저리그 야구 경기 한 게임을 봤을 뿐인데 생각 이상으로 귀한 깨달음을 얻었다. 타고난 선수는 없었다. 뛰어난 실력만 보고 그 뒤에 숨은 노력은 보지 못한 채 내린 섣부른 판단만 있었을 뿐이다.

잠시도 가만있지 않고 온몸을 유연하게 만드는 이치로 선수의 성실한 몸짓이 너무도 강렬하게 뇌리에 박혀 그날 밤 제대로 잠도 이루지 못했다. 그야말로 '시애틀의 잠 못 이루는 밤'이었다.

사실 시애틀 하면 떠오르는 야구 선수가 한 명 더 있다. 메이저리그 아시안 선수 최다 홈런 기록인 200홈런 달성, 1,500경기 출장 및 1,500안타라는 대기록을 세운 사람. 한국인 메이저리거 중 유일하게 MVP 후보에 오른 선수. 한국인 타자 중 최초로 메이저리그 올스타에 선정된 선수. 바로 2001년 시애틀 매리너스를 시작으로 지금은 텍사스 레인저스의 정신적 지주 역할을 하는 추추트레인 추신수 선수다. 그는 이미 많은 걸 보여줬지만 여전히 더 많은 것을 보여주고 싶어한다.

"열심히 오래 뛰다 보니, 기록이 따라왔다. 어떤 기록까지 도달할 수 있을지는 지켜봐야 하지 않겠나."

일반적으로 메이저리그의 팀 공식 훈련은 오전 아홉 시부터 시작한다. 선수들은 보통 오전 일고여덟 시 정도쯤 훈련장에서 도착해 몸을 푼다. 놀랍게도 추신수 선수는 다른 선수보다 무려 두세 시간 일찍 훈련장에 온다. 새벽부터 충분히 개인 훈련을 한 뒤 동료들이 모이면 그때부터 함께 팀 훈련을 소화했다. 19년째 꾸준하게 이어온 그만의 훈련법이자 강력한 무기다.

오랜 시간 누적된 추신수 선수의 단련은 그를 잘 치고 잘 달리는 타자와 잘 잡고 잘 던지는 외야수로 만들었다. 추신수 선수의 뛰어난 실력은 그만의 지속적인 단련에 있었다. 그는 지금도 변함없이 '새벽 출근'을 지켜나가고 있다고 한다.*

두 레전드 선수의 일화는 타고난 크리에이터는 없다는 생각으로 연결됐다. 생각을 유연하게 만들 수 있도록 생각 근육을 꾸준히 스트레칭하는 것이 크리에이티브에 얼마나 중요한지 눈으로 확인했기 때문이다.

이후 나 역시 잠시도 내 머리를 가만두지 않게 되었다. 책을 읽든지, 영화를 보든지, 전시회를 다녀오든지, 산책을 나가 사진을 찍든지, 재미난 콘텐츠를 찾아보든지, 뭔가를 끄적거리든지, 어떤 식으로든 생각의 근력을 키우기 위한 스트레칭을 이어

* 이헌재, 아시아 선수 최초 MLB 200홈런… '신기록 사나이' 추신수의 원동력은, <동아일보>, 2019년 6월 5일

갔다.

그렇게 묵묵히 행한 스트레칭은 의미 있는 인풋으로 뇌리에 박혔고, 중요한 순간 크리에이티브한 발상으로 세상에 태어났다.

천재라 불리는 선수들조차 쉬지 않고 몸을 움직이는데 가만히 있을 수 있는가? 뭐라도 하자. 어디로든 몸을 움직여보자.

크리에이티브는 단련된다

생각 근육을 꾸준히 스트레칭하기.
잠시도 내 머리를 가만히 두지 않는 습관은
크리에이티브한 발상으로 다시 태어난다.

크리에이티브의 얼굴을 찾아서
―칸 라이언즈 1

지난 6월 17일, 올해로 66회를 맞은 '칸 라이언즈 2019^{Cannes}

Lions International Festival of Creativity 2019'에 운 좋게 참관할 기회

가 생겨 칸에 다녀왔다. 뉴욕 페스티벌^{New York Festivals}, 클리오

광고제^{Clio Awards}와 함께 세계 3대 광고제 중 하나인 칸 라이언

즈는 매년 6월 중순 프랑스 남부의 휴양지인 칸^{Cannes}에서 열

린다. 칸은 지난 5월 〈기생충〉으로 봉준호 감독에게 '황금종려

상'을 안긴 칸 영화제가 열리는 곳으로도 잘 알려져 있다.

　20대와 30대 때 한 번씩 칸에 갔었는데, 40대가 되어 다시

가게 되니 기분이 묘했다. 20대부터 광고 일을 시작해 40대가

넘도록 쭉 한 가지 일을 하고 있으니 꽤 오래 하긴 했다 싶었다.

좋아하는 일을 오랫동안 할 수 있다는 사실이 얼마나 큰 복인

지 생각해본다.

2002년, 처음으로 찾아간 20대의 칸 라이언즈에서는 영 라이언 컴피티션에 참가했다. 각국을 대표하는 젊은 크리에이터들이 참가해 하나의 주제로 24시간 안에 광고물을 만들어 우승자를 가리는 자리였다. 우리에게 주어진 주제는 물 부족 국가들을 돕는 캠페인이었다. 대한민국을 대표하는 아트 디렉터로 참가한 만큼 부담도 되었고, 24시간이라는 짧은 시간 안에 아이디에이션부터 제작까지 마쳐야 하니 그 자체로 '빡센' 과제였다.

혹시 자주 마시는 생수병을 한 번이라도 뒤집어본 적이 있는가? 생수병을 뒤집어보니 어떤 생각이 들었는가? 갑자기 웬 생수병 이야기인가 싶을 것이다. 하지만 이 우연한 발견은 우리 프로젝트의 하이라이트가 되었다.

나는 빨대가 꽂힌 생수병을 뒤집어 링거처럼 표현한 다음 "나에게는 한 모금의 물이지만 다른 사람에게는 생명수일 수 있다A Fresh bottle of water to same... is a rare gift of life to others."는 카피를 붙였다. 지금은 CF 감독으로 활약하는 카피라이터 친구와 함께 제작한 우리 광고물에 대한 반응은 꽤 좋았는데, 결과는 2002년 한일월드컵의 대한민국 성적과 같았다. 4강에 든 것으로 만족해야 했단 뜻이다. 전 세계 또래 동료들의 수준 높은 크리에이티브에 적잖이 놀랐고 충격도 받았다. 이때의 경험은 내 광고 인생에 큰 자극인 동시에 영양가 가득한 자양분이 되었다.

30대 때는 크리에이티브 디렉터 자격으로 칸에 다녀왔다. 크리에이티브 디렉터는 아트 디렉팅뿐 아니라 캠페인에 수반되는 것들은 전체적으로 챙겨 봐야 한다. 그래서 이전에 아트 디렉터로 참가했을 때와는 확연히 다른 관점으로 칸을 속속들이 들여다볼 수 있었다.

세상이 변한 만큼 칸에도 거대한 변화의 바람이 몰아치고 있었다. 전통 매체인 TV 광고나 인쇄 광고만으로 구성된 광고 대신, 하나의 콘셉트 아래 통합적으로 광고 캠페인을 펼치는 IMC^{Integrated Marketing Communication} 위주의 캠페인과 앱이나 QR코드를 활용한 톡톡 튀는 디지털 콘텐츠가 칸의 주인공으로 우뚝 서 있었다.

공식 명칭에서도 'advertising'의 자리를 'creativity'가 차지한 것처럼(1953년 시작된 칸 라이언즈는 기존 'Cannes Lions International Advertising Festival'이라는 명칭을 2011년부터 Cannes Lions International 'Festival of Creativity'로 바꾸었다)

크리에이티브는 단련된다

생수병을 뒤집으면 누군가에겐 링거가 된다.

이제는 광고만을 위한 광고제가 아닌 말 그대로 크리에이티브의 승부를 겨루는 콘텐츠의 장이 되어 있었다.

그리고 어느덧 40대가 되어 중년 CD로 다시 한 번 칸을 만났다. 갈 때마다 다른 표정으로 날 맞이하던 칸이 이번에는 또 어떤 놀람을 줄지 기대가 컸다.

올해는 무려 3만여 편의 작품이 27개 부문에서 경쟁을 했다. 처음 갔던 20대의 칸 라이언즈에는 전통 매체인 필름, 인쇄 및 포스터, 사이버, 미디어, 다이렉트까지 총 다섯 부문뿐이었는데 이제는 27개 부문이라니 스케일이 놀랄 만큼 커졌다.

또 수상작들은 하나같이 소비자들의 공감과 호감을 불러일으키는 위대한 크리에이티브를 선보였다. 전통 매체냐, 디지털 매체냐 하는 경계도 의미가 없었다. 어떤 매체를 통한 크리에이티브가 가장 효율적인지 사람의 마음을 움직였는지를 따져본 듯했다.

빠르게 쏟아져 나오는 새로운 기술은 때로 크리에이터들에게 혼란과 착시를 안겨준다. 물론 기술의 도움을 받아 더 큰 힘을 발휘하기도 하지만, 그보다 중요한 건 그 크리에이티브가 얼마나 큰 울림을 주느냐인 것 같다.

크리에이티브는 단련된다

이번 칸 라이언즈 수상작들은 제4차산업혁명, VR, AI 등 우리에게 주어진 최첨단 기술을 어떻게 사용해야 하는지 그 답을 보여주었다.

한 예로 이노베이션Innovation 부문에서 그랑프리Grandprix를 수상한 'SEE SOUND' 캠페인이 있다. AI로 음성을 시각화하는 기술을 활용한 캠페인이었다. 개발자는 '소리를 보이게' 만들기 위해 수많은 소리 샘플이 필요했다고 한다. 소리 샘플을 모으는 일이 난관으로 예상되었지만, 의외로 이 문제는 쉽게 해결되었다. 너무나 가까운 곳, 바로 우리가 매일같이 접속하는 유튜브 영상에서 우리의 삶이 내는 모든 소리를 얻을 수 있었다는 것이다. 유튜브에서 추출한 소리 샘플로 AI를 교육시켰고, AI는 소리를 듣고 그것이 무엇인지 시각화해주었다. 이렇게 청각장애인들은 '소리를 보는 경험'을 할 수 있었다.

마이크로소프트 사의 엑스박스XBOX가 만든 '게임을 바꿔라 Changing the Game' 캠페인도 마찬가지다. 장애가 있는 아이들도 게임을 하는 순간만큼은 다른 아이들과 똑같이 즐기고 싶다. 엑스박스는 이런 장애 아동들을 위해 '적응형 컨트롤러Adaptive Controller'를 고안했다. 버튼을 손쉽게 누를 수 있고 컨트롤러 후면에는 이용자의 상태에 따라 적합한 외부 연결 장치를 장착해

맞춤 컨트롤러를 만들 수 있도록 설계했다.

마이크로소프트의 '선한 동기'에서 만들어진 기술은 장애 아동들도 게임에 몰입할 수 있게 해주었을 뿐 아니라 게임 경험의 변화를 통해 엑스박스를 사용하는 사람들의 삶을 변화시켰다. 또 제품 디자인의 접근성을 중요한 요소로 부각해 신체장애가 없는 비장애인에게만 초점이 맞춰져 있던 게임 업계의 패러다임에도 변화를 이끌어냈다.

작은 기술이, 작은 생각이 우리의 인식과 세상을 무한히 변화시킬 수 있다. 나는 그 변화의 폭이 클수록 좋은 캠페인이라고 믿는다.

특히 이번 칸에서는 '브랜드 활동주의Brand Activism'이라는 표현이 많이 언급되었다. 브랜드가 의미 있는 목적을 가지고 적극적으로 행동해야 한다는 주장이다. 브랜드 활동주의를 주장하는 브랜드들은 인종차별 금지, 난민 보호, 남녀평등과 같이 사회적 이슈가 되고 있는 문제에 관심을 가졌다. 반대 여론을 비판하는 대신 주장하는 바의 긍정적인 부분을 강조하며 메시지를 진정성 있게 전달했다. 무엇보다 말뿐만이 아니라 실제 행동을 통해 사회에 도움이 되는 솔루션을 제시했다.

나이키 광고만 보아도 단순한 스포츠 브랜드 광고의 의미는 진작 넘어섰다.

2016년 콜린 캐퍼닉Colin Kaepernick이라는 NFLNational Football League, 미국프로풋볼 선수는 백인 경찰의 과잉 진압으로 흑인이 사망한 사건에 항의하는 의미로 경기장에서 국가가 나올 때 무릎을 꿇는 정치적 행동을 했다. 이로 인해 그는 팀에서 방출되고 많은 이들의 비난을 받았다. 그런데 나이키는 오히려 논란의 중심에 선 캐퍼닉을 2018년 '저스트 두 잇Just Do It' 캠페인의 모델로 기용하며 적극 지지했다. 편견과 차별 없는 '스포츠 정신'을 강조하는 나이키의 브랜드 철학을 소신 있게 실천한 것이다.

곧바로 미국 백인 보수주의자들의 비난이 쏟아졌고 SNS상에서는 나이키 불매 운동이 벌어졌으며 주가가 떨어지는 등 부정적인 반응이 이어졌다. 그러나 이런 상황도 잠시, 캐퍼닉이 등장한 광고가 처음 공개된 후 나이키 온라인 판매량은 4일 동안 31퍼센트나 상승했다.

나이키의 주 소비자는 35세 이하의 진보적 성향인 것으로 파악된다. 전략적 관점에서 폭넓은 타깃의 입장을 생각하기보다는 나이키의 메인 타깃이 공유하는 가치관에 집중해 그들과 더욱 돈독한 관계를 쌓는 쪽을 택한 것이다. 나이키의 이런 용기 있는 선택에 칸은 옥외 outdoor 부문 그랑프리를 선사했다.

최근 나이키는 좀 더 큰 판을 벌였다. 2019 FIFA 프랑스 여자 월드컵에서 미국 대표팀을 우승으로 이끈 주장 메간 라피노 Megan Rapinoe를 모델로 내세운 것이다.

라피노는 자신이 동성애자임을 밝혔고, 이번 월드컵 기간 동안 FIFA의 여성 차별과 남녀 선수의 임금 및 월드컵 상금 불평등 문제를 비판했다. 또 월드컵 경기가 끝난 후 미국 국가가 울려 퍼질 때 국가를 따라 부르지 않고 가슴에 손을 올리지도 않았다. 인종차별에 항의해 무릎 꿇기 시위를 벌였던 캐퍼닉을 지지한다는 뜻이었다.

라피노는 이번 나이키 광고에서 역시 성차별에 맞서 유리천장을 깨고 변화를 위해 계속 싸울 것이라고 말했다. 이미 미국 여자축구 대표팀은 남자 대표팀과 비교해 임금 차별을 받고 있다며 미국축구연맹을 상대로 소송을 제기한 상태다. 이런 현실과 맞물려 나이키가 펼치는 크리에이티브의 위력은 한층 더 강력해졌다.*

---

* 칸 라이언즈 수상작 소개에 대한 출처는 칸의 수상작들을 소개하는 사이트(www.lovethework.com)다. 유료 사이트이나 7월 15일까지 칸 광고제 참관자에 한해 무료로 공개되었다.

이렇게 여러 차원으로 앞서가고 있는 클라이언트 브랜드들의 모습을 보며 크리에이티브 디렉터의 역할이 무엇인지 다시 한번 생각하게 되었다. 지금 시대에 맞는 크리에이티브는 어떤 것일까 스스로에게 질문도 던졌다. 긴 고민 끝에 내린 결론은 아무리 시대가 변하고 미디어 환경이 다이내믹하게 바뀌어도 크리에이티브의 본질은 변하지 않는다는 것이었다. 결국 음식이면 맛, 게임기면 재미, 여행이면 두근거림처럼 주어진 브랜드나 제품의 본질에 초집중해서 매력적인 이야기를 찾아내야 한다는 것 말이다. 그리고 칸에서 마주한 인상적인 문구는 벽에 부딪힐 때마다 되새길 수 있는 희망으로 다가왔다.

Creativity can solve all the problems that we are facing창의성은 우리가 직면한 모든 문제를 해결할 수 있다.

칸은 세 번의 만남 동안 단 한 번도 같은 표정을 짓지 않았다. 하지만 그 얼굴만큼은 하나였다. 자고 일어나면 달라지는 트렌드에 위기감을 느끼면서도, 한편으로는 여전한 크리에이티브의 본질에 안도했다.

오늘도 크리에이티브의 무한한 가능성 안에서 작은 생각으로 큰 변화를 만드는 짜릿함을 꿈꾼다. 혹시 또다시 칸에 가게 된다면 그때는 또 어떤 표정을 만나게 될지 기대하며.

시대와 환경이 아무리 바뀌어도
본질은 변하지 않는다.
그래서 오늘도 작은 생각으로
큰 변화를 만드는 꿈을 꾼다.

단순함의 단단한 힘
─ 칸 라이언즈 2

변화에 민감해야 하는 일을 하고 있지만, 때로 어떤 변화는 적응도 안 되고 아쉬움도 크다. 올해 칸 라이언즈에서 출품된 광고들을 극장에서 감상할 수 없다는 사실을 알았을 때도 그랬다. 원래 예선을 통과한 쇼트리스트는 극장에서 상영되었는데, 이제는 참관자들이 당연하다는 듯 부스에 설치된 모니터나 패드, 스마트폰으로 출품작들을 보고 있었다. 달라진 풍경 속에서 시대가 바뀌었음을 실감했다.

광고 제작물을 상영해주던 극장에서는 이제 쉴 틈 없이 다양한 '토크Talks'가 진행되고 있었다. 몇 해 전부터 칸 라이언즈에서는 세미나를 토크라는 이름으로 부르고 있다. 세미나보다 부

크리에이티브는 단련된다

담 없이 여러 이슈를 다루면서 관객들과도 편하게 상호작용이 가능하기 때문이라고 한다. 각 토크마다 Q&A 시간이 생겨 많은 이야기가 오가니 확실히 이전보다 활기찬 느낌은 들었다.

토크는 행사장뿐만 아니라 칸의 해변에서도 열렸다. 사람들은 최신 이슈와 최첨단 기술이 더해진 크리에이티브를 하나라도 더 듣기 위해 분주하게 이곳저곳을 옮겨 다녔다. 좋은 토크가 하루를 촘촘히 채우고 있어서 동선을 잘 짜야만 원하는 스케줄을 '클리어'할 수 있었다.

나는 애플이 진행한 토크의 제목이 특히 인상적이었다. 'Simple is hard.'

이 문장을 듣자마자 두 가지 의미가 동시에 떠올랐다. 하나는 애플처럼 심플한 결과물을 내는 일에는 진심 '빡센hard' 과정이 요구된다는 것 그리고 다른 하나는 심플함에는 '단단한hard' 힘이 있다는 것이었다.

복잡한 상황과 문제를 심플하게 정리해 표현하는 건 보통 일이 아니다. 나이나 성별, 교육 수준 등등을 막론하고 누가 봐도 이해하기 쉽게 하려면 군더더기는 걷어내고 알짜배기만 남겨야 한다. 크리에이티브는 기본적으로 간단하고 쉬워야 한다. 어려운 이야기를 어렵게 하는 건 크리에이티브가 아니다. 복잡한 상황을 복잡하게 보여주는 것 또한 크리에이티브가 아니다. 어려운 이야기는 쉽게 하고 복잡한 상황은 단순하게 보여줄 때 우리는 이를 크리에이티브라고 부른다. 그런데 말이 쉽지, 실제로 그렇게 만들기는 힘들다. 그래서 'Simple is hard'인 것이다.

애플은 심플하게 만드는 데 온 힘을 쏟는다. 단순함^{simplicity}은 창의성^{creativity}, 인간애^{humanity}와 함께 애플의 3대 핵심 DNA 중 하나다. 브랜딩에도 제품에도 광고 캠페인에서도 지독할 만큼 단순함을 극대화하기 위해 애를 쓴다. 보통은 아이디어에 무언가를 더하는 전략을 짜지만 애플은 늘 반대였다. 계속해서 덜어내며 단순화하고 또 단순화했다. 떠다니는 수많은 아이디어를 거르고 걸러 진짜 아이디어를 찾아냈다.

토크를 들으면서 애플이 단순함을 표현하기 위해 수면 아래에서 보이지 않게 얼마나 많은 발버둥을 쳤는지 짐작할 수 있었다.

이번 칸에서 큰 상을 수상한 캠페인들도 심플함이 무기였다. 헬스&웰니스 ^{Health & Wellness} 부문에서 그랑프리를 수상한 이케아^{IKEA}의 'ThisAbles 프로젝트'가 좋은 예다.

일반적으로 가구 제품은 비장애인의 체형이나 신체 활동을 기준으로 만들어진다. 그러다 보니 장애가 있는 사람들이 사용하기는 불편하고 힘들 수밖에 없다. 소파에 앉아 있다가 일어나는 일도 버겁고, 버튼이 작은 램프를 켜거나 작은 손잡이가 달린 서랍장을 여는 일도 괴롭다. 그래서 '장애가 있는Disabled' 사람도 쉽게 이케아 제품을 사용할 수 있게 하기 위해 기획된 캠페인이었다.

장애인들이 이케아 제품을 쉽게 사용할 수 있도록 '개개인 맞춤형 가구를 제작한다'는 발상은 돈도 시간도 많이 드는 복잡하고 비효율적인 솔루션이다. 하지만 이케아는 이 문제를 심플하게 해결했다. 장애인들이 이케아 제품을 비장애인과 똑같이 사용할 수 있도록 도와주는 보조 용품의 3D 도면을 이케아 공식 사이트에 오픈한 것이다. 3D 프린터만 있으면 누구나 쉽게 도면을 다운받아 커스텀 가구를 제작해 사용할 수 있다. 버튼 크기를 키우는 것만으로도, 손잡이 위치를 바꾸는 것만으로도, 걸쇠를 하나 더 다는 것만으로도 장애인들은 이케아 제품을 더 쉽고 편하게 사용할 수 있었다. 가구의 구조와 형태를 바꾸지 않고도 영리한 발상만으로 장애인의 삶을 크게 나아지게 했다.

이런 심플한 해결책이 나오기까지 머리를 쥐어짜냈을 크리에이터들의 고생이 선명하게 보였다.

인쇄&출판Print & publishing 부문에서 그랑프리를 차지한 레바논 최대 일간지 〈안나하라An-Nahar〉의 인쇄 캠페인 '백지 에디션The blank edition'도 기억에 남는다. 레바논 정부에 대한 항의의 뜻을 도발적으로 그러나 심플하게 보여준 참신한 캠페인이었다.

2018년 말, 레바논은 경제 위기에 정치와 종교 갈등까지 더해져 정부가 총파업하는 사태가 벌어졌다. 쉽게 말해 무정부 상태에 놓인 것이다. 국민의 불안과 불만은 커져만 갔고 정치인들끼리의 갈등도 심해졌다.

이런 혼란스러운 상황에서 〈안나하라〉는 대담한 캠페인을 단행한다. 신문사 창립 이래 최초로 신문사의 로고 외에는 아무 것도 새기지 않은 '백지로 된 신문The blank edition newspaper'을 발간한 것이다. 말 그대로 신문의 전면을 공백으로 인쇄해버렸다. 아무도 책임지지 않은 채 텅 비어 있는 레바논의 상황을 비유한 것이었다. 종이 신문뿐 아니라 공식 웹사이트, SNS 채널까지 모두 공백 상태로 만들었다.

그리고 레바논 시민들의 동참을 유도했다. 레바논 시민들이 아무 것도 써 있지 않은 지면에 정치인들에게 정부 구성 활동을 촉구하는 메시지를 남겨 각자의 SNS에 공개함으로써 메시지가 확산되게 한 것이다. 시민이 곧 1인 매체가 되었고, 나라 전체가 신문사 편집부가 되었다.

　전에 없던 파격적인 캠페인은 2019년 1월 레바논의 새 정부 내각 구성을 위한 협의를 이끌어내는 성과를 이루었다. 그 무엇보다 심플한 메시지로 단단한 영향력을 발휘한 것이다.[*]

　심플함의 힘은 언제나처럼 올해 칸에서도 통했다. 힘들게 이루어낸 만큼, 심플함에는 단단한 힘이 있다. 그 힘으로 사람들의 마음에, 뇌리에 강하게 박힌다. 심플한 생각과 그 생각을 실현시키는 단단한 힘, 이것이 크리에이티브 그 자체라고 믿는다.

Simple is hard.

Creative is hard.

[*] 　www.lovethework.com

심플한 생각,
그 생각을 실현시키는
단단한 힘.
그것이 크리에이티브 자체.

책 쓰기는 진심 단련된다

책을 다 쓰고 보니 모든 챕터마다 누군가에게 새로운 시도, 혹은 단련을 독려하는 말로 끝을 맺었다. 그런데 정작 책 쓰기를 제의 받았을 땐 일말의 망설임도 없이 거절했다. 짧은 광고 카피를 가끔 쓰긴 해도, 긴 호흡의 글을 쓴다는 건 상상 밖의 일이었기 때문이다. 그래도 좋은 인연이 되리라 생각하면서 편집자 두 분과 함께 점심식사를 했다. 크리스마스가 얼마 남지 않은 12월의 끝자락이었다. 캐럴이 흘러나오는 레스토랑에서 오래된 친구와 수다를 떨듯 꽤 재밌게 이야기를 나누었다. 그리고 이런 이야기를 들었다.

"지금까지 말씀하신 재미난 생각과 일화들을 글로 쓰면 책이 되는 거예요."

크리스마스의 기적이었을까, 그 말은 마치 마법처럼 나를 홀렸고 나는 그대로 넘어가버렸다. 내 생애 첫 책 쓰기 프로젝트는 그렇게 시작되었다.

그래서 원고를 써내려가다가 턱턱 막힐 때면 이 심플한 메커니즘을 떠올렸다.

'누군가와 편하게 나눈 이야기를 녹음했다고 생각하자. 그걸 그대로 글로 옮기면 된다.'

물론 말처럼 쉽지는 않았다. 책을 쓰는 동안 계절이 두 번 바꿔었다. 책이 나올 시점에는 한 번 더 바뀐다. 8개월은 내게 인내와 단련의 시간이었다. 매일 새벽녘 식탁에서, 퇴근 후에는 동네 카페에서, 주말에는 나의 아지트 카페를 돌며 틈틈이 생각과 글을 모았다. 그러면서 말 그대로 무언가가 '단련되고 있다'는 걸 실감했다. 40대 중반이 되도록 이렇게까지 집중력을 요하는 작업을 했던 일이 있었나. 내가 평생의 업으로 여기며 해왔던 광고 일 말고는 없었던 것 같다.

인생을 되돌아본다는 것은 내게 먼 일이라고 생각했다. 여전히 "Go" 하고 있는 인생이기에 아직은 나의 삶을 망라하는 책을 쓸 여유도 이유도 없다고 생각했다. 하지만 적절한 시점에 진심이 담긴 출간 제의가 있었기에 이 말도 안 되는 도전은 시작되었고 마무리까지 짓게 되었다. 담당 편집자의 칭찬으로 감싼 채찍질이 없었다면 결코 해낼 수 없었을 것이다. 이 집필의 여정은 힘겨웠던 만큼 그리워질 것 같다.

글감을 찾기 위해 과거의 추억을 뒤져보면서 '그땐 그랬지' 하기도 했고, 지나온 일들을 쭉 정리하면서 앞으로 어떻게 살아야 할까 잠시 멈춰 생각해보기도 했다. 여전히 내용은 부족해보이고 아쉬움이 크지만 새로운 무언가를 해냈다는 기쁨이 더 크다. 오랜 시간 광고 일을 하면서 내가 복 받았다고 생각하는 것

중 하나는 늘 주변에 좋은 사람들이 넘쳐 났다는 사실이다. 그분들 덕분에 아직까지도 신입 사원마냥 신나게 광고 일을 하고 있다. 그래서 꼭 감사의 인사를 전하고 싶다.

"고맙습니다!"

따뜻한 말씀과 응원으로 늘 긍정의 힘을 보태주시는 제일기획과 광고계의 존경하는 선배님들, 좋은 광고 캠페인을 위해 함께 고민하고 고생하는 너무 고마운 예전과 지금의 우리 팀 후배님들, 멋진 크리에이티브들을 세상에 내보낼 수 있도록 큰 결정을 해주셨던 마음 넓은 광고주님들, 누구랄 것도 없이 독특한 크리에이티브를 위해 부지런히 매일 나아가는 능력쟁이 우리 제일러 분들, 비가 오나 눈이 오나 좋은 광고 한 편 한 편을 위해 애쓰시는 현장과 후반의 광고 제작 스태프 여러분, 내가 오랫동안 광고를 할 수 있도록 그 재미와 가치를 일찍이 일깨워주신 존경하는 교수님들, 좋은 영감을 무한히 안겨준 수많은 책, 신문, 영화, 인스타그램, 유튜브, 블로그, 뽐, 베댓, 미술관, 콘서트, 여행, 그리고 산책의 시간에게도.

내 부족한 글을 냉정하게 읽어주고 세심한 조언을 아끼지 않았던 소중한 친구들과 후배들, 좋은 책이 나올 수 있도록 끝까지 꼼꼼하게 챙겨주신 출판사 더퀘스트와 멋진 표지 일러스트를 선물해준 나의 형, 글 쓰는 내내 지치지 않도록 늘 함께해주고 격려해준 고마운 꼬미님과 우리 어머니 그리고 든든한 가족들, 특히 둘째 아들에게 유머 감각을 물려주신 너무도 그리운 아버지께 존경하는 마음을 담아 첫 책을 전한다.

더 많은 사람들이 매일 더 새롭고 재미있는 생각을 떠올리며 행복하게 살아갈 수 있다면 참 좋겠다.

고맙습니다!

크리에이티브는 단련된다